JN076735

はじめに

「学校の勉強が難しい」と感じている子どもは、どのくらいいるのでしょうか。文部科学省が2012年に行った調査によると、通常学級の中で学習に困難さをもつ児童・生徒の割合は6.5％と言われており、近年は、学校の中でもそういった子どもへの理解が深まり、支援が広がっています。しかし、それでもまだ、クラスの中にはSOSを発信できず、一人で困っている子どもがたくさんいるのではないかと感じています。

勉強について、「面倒くさい」「やりたくない」と言う子どもの背景には、読み書きや計算の苦手さや困難さがあるのかもしれません。そのような子どもの学びに必要なのは、その子の「得意なこと」「苦手なこと」が理解され、ていねいにサポートされることや、楽しく学びながらステップアップできる学習体験です。

さくらんぼ教室では、30年以上にわたって子ども一人ひとりに合わせた学習指導を実践してきました。本書は、さくらんぼ教室の教材をもとに「学校やご家庭でも楽しく学習してほしい」という願いからできたドリルです。

本書で扱っているのは、小学校段階の国語・算数の中でも、練習を積み重ねることで習得できる、漢字・計算の基礎です。学年にかかわらず、「すてっぷ」１～６の中から、子どもにとって「ちょうどよい」「楽しくできる」段階を選び、一人ひとりの学び方に合わせて繰り返し使用することができます。子ども自身がオリジナルの文を作って書いたり、自由に問題を作ったりできる「練習プリント」と併せてご活用ください。

先生方や保護者の方には、子どもの取り組みを（文字のていねいさや誤りが気になったとしても）まずほめてあげていただきたいと思います。学習の中で、「苦手」な部分が目立つ場合は、注意するのではなく、「うまくいく方法」を一緒に考えてあげることが必要です。ほかの子とペースや学び方が異なっても、その子に合うやり方を工夫していけばよいのです。

本書が子どもの「やってみよう」の入り口となり、その後の学びと自信につながっていくことを願っています。

2021年4月　　　　監修　伊庭葉子

先生方、保護者の方々へ

一人ひとりに合うすてっぷを選んで、
「できる」ところからステップアップ！

- 「すてっぷ」1～6の数字は、小学校の学年と対応しています（例：「すてっぷ1」は、小学校1年生で習う漢字と計算を収録。すてっぷ2～6は、小学校2年生～6年生に習う漢字の中から選んだ各100字と、計算を収録）。
- 学年にとらわれず、お子さんの得意・不得意に合わせて、ちょうどよい「すてっぷ」を選べるので、通級指導教室や特別支援学級・学校での個別指導に活用できるほか、家庭学習用教材としても役立ちます。
- 「練習プリント」を活用することで、さらに個々に合わせた学びが広がります。学校やご家庭でもお子さんと一緒にたくさん問題を作ってみてください。

自分のペースで学べる、一人ひとりに合ったステップ形式

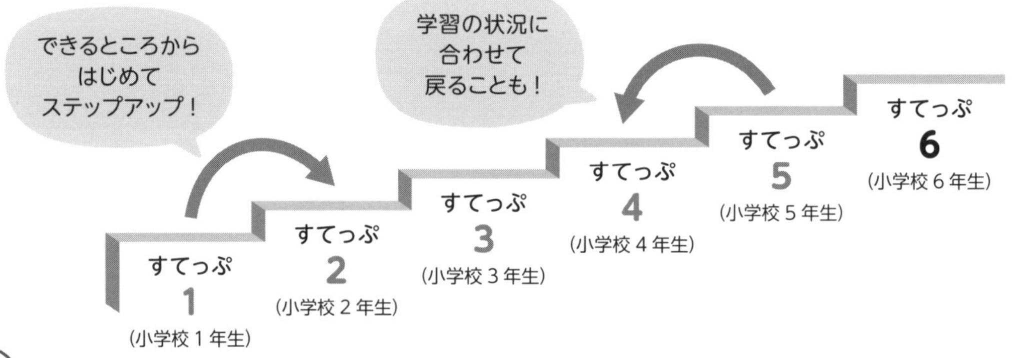

できるところから
はじめて
ステップアップ！
学習の状況に
合わせて
戻ることも！
すてっぷ 1 （小学校1年生）
すてっぷ 2 （小学校2年生）
すてっぷ 3 （小学校3年生）
すてっぷ 4 （小学校4年生）
すてっぷ 5 （小学校5年生）
すてっぷ 6 （小学校6年生）

このドリルの特長

① 学びやすいサポートが入っているので、「できた！」が実感できる！

- 難易度に応じて、**きめ細かな解き方のポイントや解答のヒント**が入っており、お子さんの学びをサポートします。
- 「漢字の足し算」「漢字を入れて書こう」「スペシャル問題」などの課題を進めるごとに、**「できた！」が実感でき、自信につながり**ます。

② 繰り返し練習することで、漢字や計算の基礎が身につく！

- 付属のCD-ROMからPDFデータをプリントして、何度も使えます。
- 「練習プリント」を使って、**オリジナル問題を作りながら、何度も練習**できます。
- 繰り返し学習を積み重ねることで、**少しずつ基礎的な力がついて**いきます。

③ **学習につまずきのある子、学習習慣がついていない子も自分のペースで学べる！**

- 漢字、計算ともに**無理なく１日１ページずつ進められるよう、負担のない問題数にし、文字の大きさを工夫**しています。

④ **子どもたちの生活の中で考える、イラストを使った身近で楽しい問題！**

- 問題を具体的にわかりやすくとらえられるように、**親しみのある、楽しいイラストが**入っています。
- 漢字には文を作る問題、計算には生活につながる問題が入っており、**漢字や計算を生活の中で考えたり使ったりできるように**なります。

すてっぷ６の学習の順序

❶ 「漢字」「計算」のはじめのページでは、これから学ぶことを確認します（今できていることをチェックしてみましょう）。

❷ 「漢字1～31」、「計算1～34」に取り組みましょう。漢字・計算ともに１日１ページを目安としています。漢字については解答が明示されていない問題に限り、計算については解答のあるすべての問題について、「答え」（漢字は44ページ、計算は84ページ～）が掲載されています。

※「漢字1～31」では、小学校６年生で習う漢字から選んだ100字を扱っています。漢字を身近に感じながら覚えられるように、訓読み（ひらがな表記）→音読み（カタカナ表記）の順で、主な読み方のみを掲載しています。小学校６年生で習うすべての漢字とその読み方については「すてっぷ６の漢字」（37～38ページ）を参照してください。

❸ 終わったら「練習プリント」（漢字は39ページ～、計算は80ページ～）を使用して、自分に合う問題を作って練習しましょう（最初は先生や保護者の方が、問題をたくさん作ってあげてください。「漢字1～31」で取り上げていない漢字については、「すてっぷ６の漢字」を参考に「練習プリント」で取り組んでください）。

❹ 自信がついてきたら、「チャレンジテスト」（漢字は42ページ～、計算は82ページ～）に挑戦してみましょう！　終わったら、できなかった部分や、もう一度取り組みたい部分のページに戻って復習しましょう。

目次

付録 CD-ROM について

本書の付録 CD-ROM には、「漢字1～31」、「計算1～34」、「練習プリント」、「チャレンジテスト」が収録されています。PDF 形式のデータとなっておりますので Adobe Acrobat Reader（無償）がインストールされているパソコンで開いてお使いください。

※CD-ROM に収録されたデータは、購入された個人または法人が私的な目的でのみ使用できます。第三者への販売・頒布はできません。

※本製品を CD-ROM 対応以外の機器では再生しないようにしてください。再生の方法については各パソコン、再生ソフトのメーカーにお問い合わせください。CD-ROM を使用したことにより生じた損害、障害、その他いかなる事態にも弊社は責任を負いません。

※CD-ROM に収録されているデータの著作権は著作者並びに学事出版株式会社に帰属します。無断での転載、改変はこれを禁じます。

イラスト：池野なか、石山綾子

すてっぷ6 漢字

●すてっぷ6の漢字《かんじ》を楽《たの》しく練習《れんしゅう》しながら覚《おぼ》えよう。

すてっぷ6の力《ちから》をチェック!

- □ すてっぷ5までの漢字《かんじ》(小《しょう》5で習《なら》う漢字《かんじ》)を読《よ》むことができる。
- □ すてっぷ5までの漢字《かんじ》(小《しょう》5で習《なら》う漢字《かんじ》)を書《か》くことができる。
- □ すてっぷ6の漢字《かんじ》（小《しょう》6で習《なら》う漢字《かんじ》）をいくつか読《よ》むことができる。
- □ すてっぷ6の漢字《かんじ》（小《しょう》6で習《なら》う漢字《かんじ》）をいくつか書《か》くことができる。
- □ 知《し》っている漢字《かんじ》を使《つか》って文章《ぶんしょう》を書《か》くことができる。
- □ 知《し》っている漢字《かんじ》を二《ふた》つ合《あ》わせて言葉《ことば》（熟語《じゅくご》）を作《つく》ることができる。
- □ 国語辞典《こくごじてん》を使《つか》って言葉《ことば》の意味《いみ》を調《しら》べることができる。
- □ 漢字辞典《かんじじてん》（漢和辞典《かんわじてん》）を使《つか》って漢字《かんじ》について調《しら》べることができる。

（　　　）月（　　　）日（　　　）曜日

「にんべん」の漢字①

◉にんべん

↓
⺅
↓
イ

人《ひと》が横《よこ》を向《む》いた形《かたち》が元《もと》になっているよ。

供　そな（える）・とも　キョウ

傷　きず　ショウ

値　ね　チ

◉漢字《かんじ》を入《い》れて書《か》こう。

こども　子□

きずぐち　□口

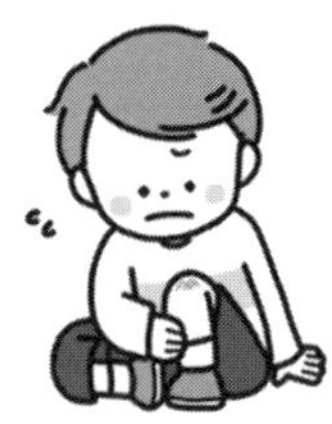

ねだん　□段

だいたいいくら？
値段《ねだん》を考《かんが》えよう。

ポテトチップス
一《ひと》ふくろ

練習プリント①②③（39～41ページ）を使《つか》ってたくさん練習《れんしゅう》しよう。

(　　　　)月(　　　　)日(　　　　　　)曜日

「にんべん」の漢字②

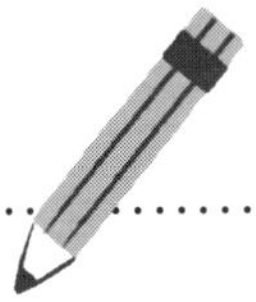

俳 ハイ

俵 たわら ヒョウ

優 ユウ

◉漢字《かんじ》の足《た》し算《ざん》

米 ＋ 俵 ＝ ？

二《ふた》つの漢字《かんじ》を合《あ》わせると、どんな言葉《ことば》になるかな？
(→答《こた》えは44ページ)

◉漢字《かんじ》を入《い》れて書《か》こう。

はいく
□句

五《ご》・七《しち》・五《ご》の季語《きご》(季節《きせつ》の言葉《ことば》)が入《はい》った短《みじか》い詩《し》。

どひょう
土□

ゆうしょう
□勝

「優勝《ゆうしょう》」を使《つか》って文《ぶん》を作《つく》って書《か》こう。

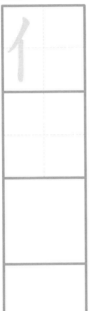

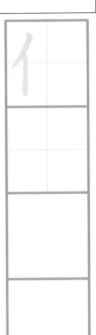

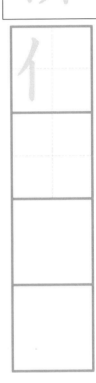

すてっぷ
6
漢字 3

（　　）月（　　）日（　　）曜日

「てへん」の漢字①

◉てへん

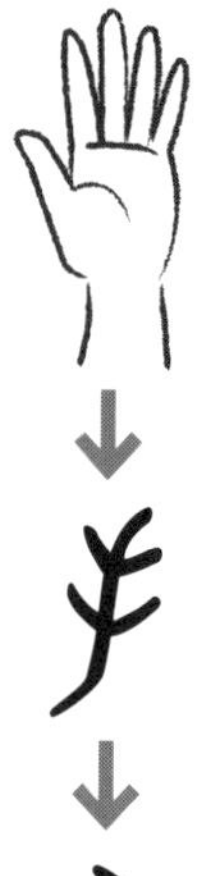

扌

手《て》の形《かたち》が元《もと》になっているよ。
手《て》の働《はたら》きに関《かん》する字《じ》があるね。

拡　カク

推　スイ

捨　す（てる）　シャ

◉漢字《かんじ》を入《い》れて書《か》こう。

かく　□大

すい　□理

し　四
しゃ　□
ご　五
にゅう　□

四《し》捨《しゃ》五《ご》入《にゅう》とは　どんな意味《いみ》？

練習プリント①②③（39～41ページ）を使《つか》ってたくさん練習《れんしゅう》しよう。

（　　　）月（　　　）日（　　　）曜日

「てへん」の漢字②

操　ソウ
扌

探　さが（す）　タン
扌

担　タン
扌

◉漢字《かんじ》の足《た》し算《ざん》

体
＋
操
＝
？

二《ふた》つの漢字《かんじ》を合《あ》わせると、どんな言葉《ことば》になるかな？
（↓答《こた》えは44ページ）

◉漢字《かんじ》を入《い》れて書《か》こう。

そう□さ
作

たん□けん
検

たん□とう
当

※受《う》け持《も》つこと。

あなたの**担任**《たんにん》の先生《せんせい》はどんな先生《せんせい》？

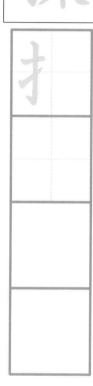

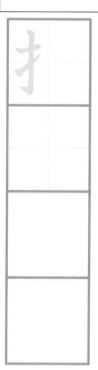

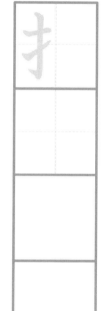

（　　　）月（　　　）日（　　　）曜日

「きへん」の漢字①

◉きへん

立《た》っている木《き》の形《かたち》が元《もと》になっているよ。

机　つくえ

枚　マイ

樹　ジュ

◉漢字《かんじ》を入《い》れて書《か》こう。

べんきょう　づくえ
勉強□

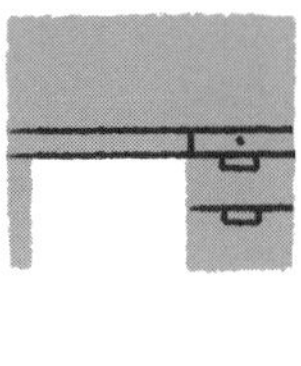

まいすう
□数

じゅりつ
□立

作《つく》り上《あ》げること。
（例《れい》）新記録《しんきろく》を樹立《じゅりつ》する。

「枚数《まいすう》」を使《つか》って文《ぶん》を作《つく》って書《か》こう。

練習プリント①②③（39～41ページ）を使《つか》ってたくさん練習《れんしゅう》しよう。

（　　　）月（　　　）日（　　　）曜日

「きへん」の漢字②

権 ケン

棒 ボウ

模 モ・ボ

◉漢字《かんじ》の足《た》し算《ざん》

鉄 ＋ 棒 ＝ ？

二《ふた》つの漢字《かんじ》を合《あ》わせると、どんな言葉《ことば》になるかな？
（→答《こた》えは44ページ）

◉漢字《かんじ》を入《い》れて書《か》こう。

□《けん》利《り》

ものごとを自分《じぶん》で自由《じゆう》に行《おこな》う資格《しかく》。

犬《いぬ》も歩《ある》けば□《ぼう》に当《あ》たる

何《なに》かをしようとすると、思《おも》わぬことがあるものだ、ということわざ。

□《も》型《けい》

練習プリント①②③（39～41ページ）を使《つか》ってたくさん練習《れんしゅう》しよう。

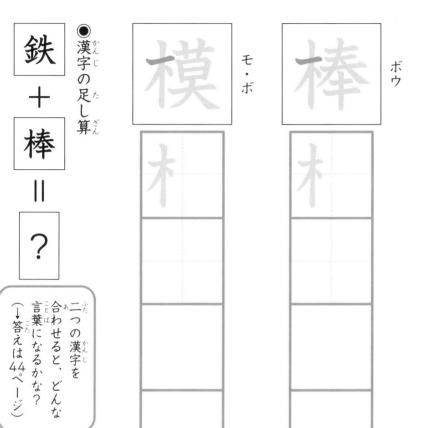

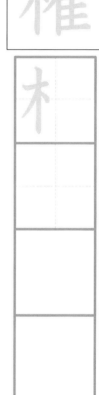

すてっぷ 6
漢字 7

( )月 ( )日 ( )曜日

「さんずい」の漢字

◉さんずい

流《なが》れる水《みず》の様子《ようす》が元《もと》になっているよ。

沿 そ（う） エン

洗 あら（う） セン

潮 しお チョウ

激 はげ（しい） ゲキ

◉読《よ》んで書《か》こう。

沿岸《えんがん》
※海《うみ》や川《かわ》に沿《そ》った岸《きし》。

洗面《せんめん》

潮風《しおかぜ》

感激《かんげき》
※とても感動《かんどう》すること。

感激《かんげき》した思《おも》い出《で》について書《か》こう。

練習プリント①②③（39～41ページ）を使《つか》ってたくさん練習《れんしゅう》しよう。

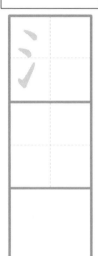

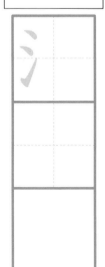

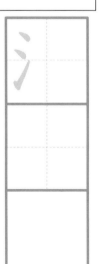

（　　　）月（　　　）日（　　　）曜日

「いとへん」の漢字①

◉いとへん

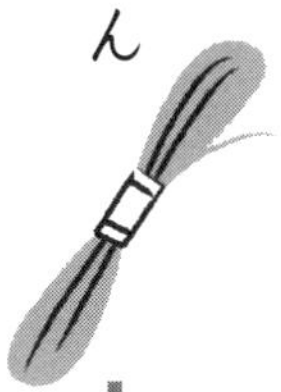

↓

↓

糸

糸《いと》をより合《あ》わせた形《かたち》が元《もと》になっているよ。

紅　べに　コウ

納　おさ（める）　ノウ

純　ジュン

◉漢字《かんじ》を入《い》れて書《か》こう。

□ こう
白 はく

収 しゅう
□ のう

単 たん
□ じゅん

こみいっていないこと。

↔

□□ ふくざつ

こみいり、からみ合《あ》っていること。

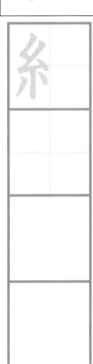

（　　　）月（　　　）日（　　　）曜日

「いとへん」の漢字②

絹　きぬ

縦　たて　ジュウ

縮　ちぢ（む）　シュク

◉漢字《かんじ》の足《た》し算《ざん》

操 ＋ 縦 ＝ ？

二《ふた》つの漢字《かんじ》を合《あ》わせると、どんな言葉《ことば》になるかな？
（→答《こた》えは44ページ）

◉漢字《かんじ》を入《い》れて書《か》こう。

きぬ いと
□糸

たて
□と□
よこ

たん
短□
しゅく

短《みじか》く縮《ちぢ》めること。

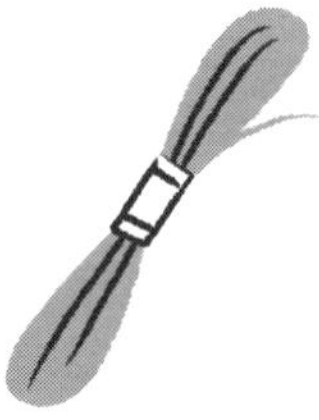

「短縮《たんしゅく》」を使《つか》って文《ぶん》を作《つく》って書《か》こう。

練習プリント①②③（39～41ページ）を使《つか》ってたくさん練習《れんしゅう》しよう。

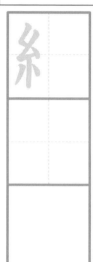

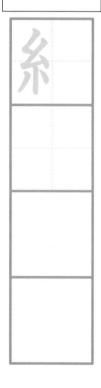

（　　　）月（　　　）日（　　　）曜日

「こざとへん」の漢字

◉こざとへん

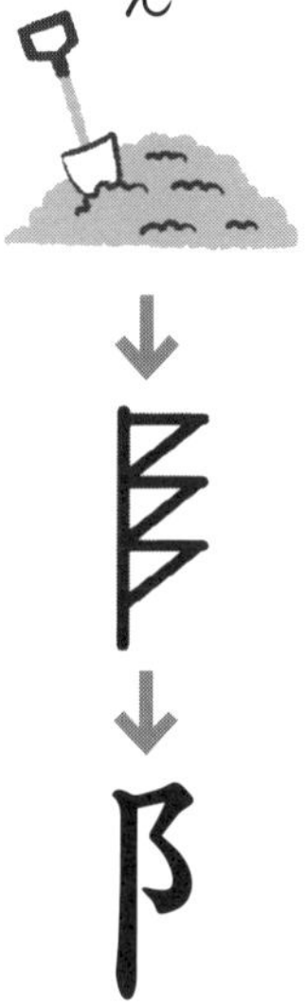

土《つち》がもりあがった様子《ようす》が元《もと》になっているよ。

除　のぞ（く）　ジョ

障　ショウ

降　お（りる）　ふ（る）　コウ

◉漢字《かんじ》を入《い》れて書《か》こう。

じょきん　□菌

※菌《きん》やウイルスを取《と》り除《のぞ》くこと。

こしょう　故□

の　乗り

お　□り

降水量《こうすいりょう》の意味《いみ》として正《ただ》しい方《ほう》に○をつけましょう。

（　）雨《あめ》が降《ふ》る日数《にっすう》のこと。

（　）雨《あめ》が降《ふ》る量《りょう》のこと。

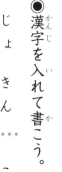

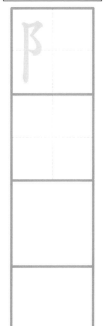

すてっぷ
6
漢字 11

（　　　）月（　　　）日（　　　）曜日

「こころ」の漢字

◉こころ

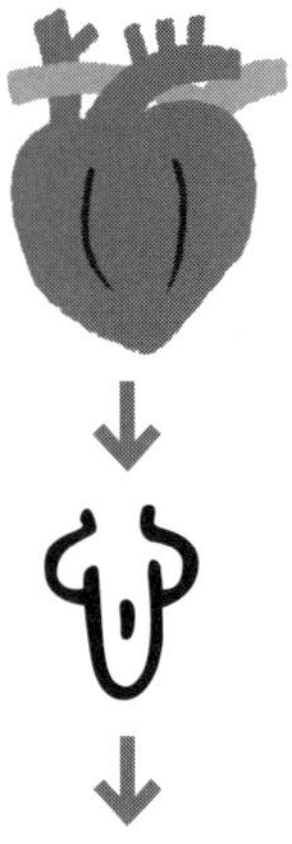

心

心臓《しんぞう》の形《かたち》が元《もと》になっているよ。

忘	忠	恩
わす（れる）	チュウ	オン
心	心	心

◉漢字《かんじ》を入《い》れて書《か》こう。

□《わす》れ物《もの》

□《ちゅう》告《こく》

※よくないところを直《なお》すように言《い》うこと。

□《おん》人《じん》

※とてもお世話《せわ》になった人《ひと》。

あなたがとてもお世話《せわ》になった**恩人**《おんじん》は？

練習プリント①②③（39〜41ページ）を使《つか》ってたくさん練習《れんしゅう》しよう。

（　　　）月（　　　）日（　　　）曜日

「くち」の漢字

◉くち

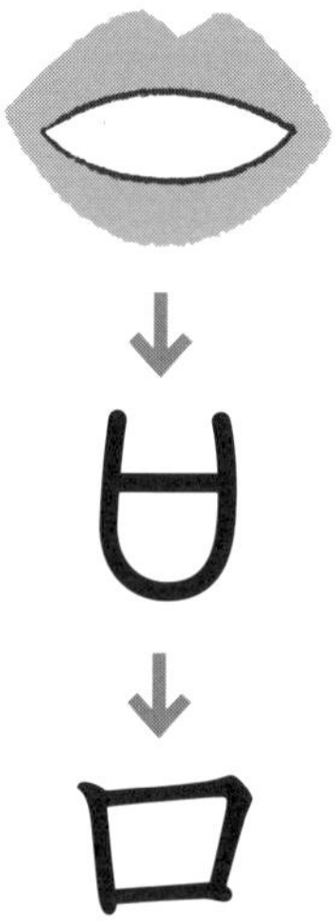

口《くち》の形《かたち》が元《もと》になっているよ。

呼　よ（ぶ）　コ

吸　す（う）　キュウ

否　ヒ

善　よ（い）　ゼン

◉読《よ》んで書《か》こう。

深呼吸《しんこきゅう》

否定《ひてい》

※そうではないと打《う》ち消《け》すこと。

一日一善《いちにちいちぜん》

※「一日《いちにち》に一《ひと》つ善《よ》い行《おこな》いをしましょう」という意味《いみ》。

今日《きょう》のあなたの一善《いちぜん》は？

練習プリント①②③（39〜41ページ）を使《つか》ってたくさん練習《れんしゅう》しよう。

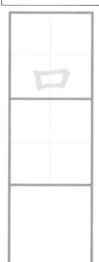

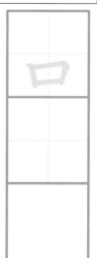

すてっぷ 6
漢字 13

（　　　）月（　　　）日（　　　　）曜日

「ごんべん」の漢字①

◉ごんべん

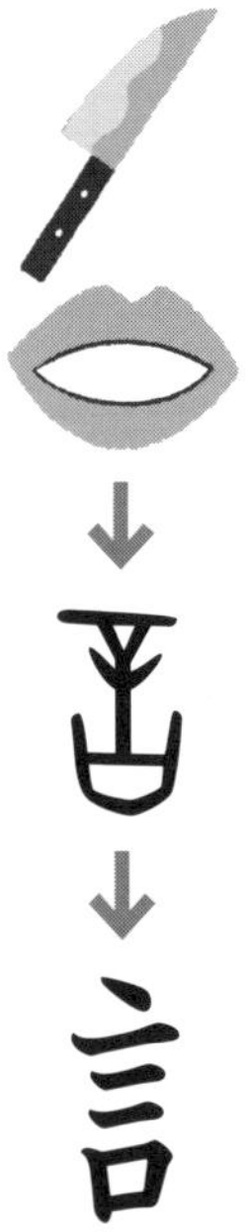

刃《は》と口《くち》の形《かたち》が元《もと》になっていて、話《はな》すことを表《あらわ》しているよ。

討　トウ

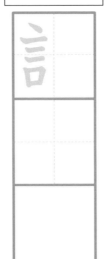

訪　たず（ねる）　ホウ

訳　わけ　ヤク

詞　シ

◉読《よ》んで書《か》こう。

検討《けんとう》
※よく調《しら》べて考《かんが》えること。

訪問《ほうもん》

通訳《つうやく》
※別《べつ》の国《くに》の言葉《ことば》に言《い》いかえること。

動詞《どうし》
※動《うご》きを表《あらわ》す言葉《ことば》のこと。

知《し》っている動詞《どうし》を書《か》こう。
（例《れい》／歩《ある》く、食《た》べる・・・）

練習プリント①②③（39～41ページ）を使《つか》ってたくさん練習《れんしゅう》しよう。

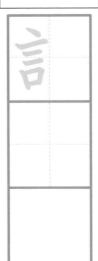

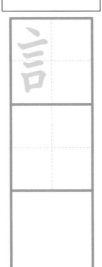

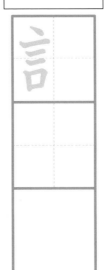

（　　　）月（　　　）日（　　　）曜日

「ごんべん」の漢字②

誤　あやま（る）　ゴ

認　みと（める）

誠　セイ

誕　タン

◉読《よ》んで書《か》こう。

誤字《ごじ》
※まちがった字《じ》のこと。

認《みと》め印《いん》
※はんこのこと。

誠実《せいじつ》
※真心《まごころ》がこもっていること。

誕生日《たんじょうび》

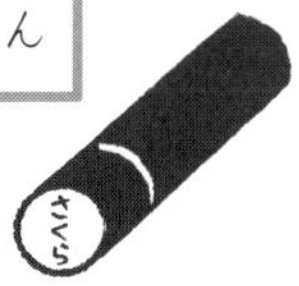

「**誕生日**《たんじょうび》」を使《つか》って文《ぶん》を作《つく》って書《か》こう。

練習プリント①②③（39〜41ページ）を使《つか》ってたくさん練習《れんしゅう》しよう。

（　　　）月（　　　）日（　　　　）曜日

「のぎへん・のぎ」の漢字

◉のぎへん

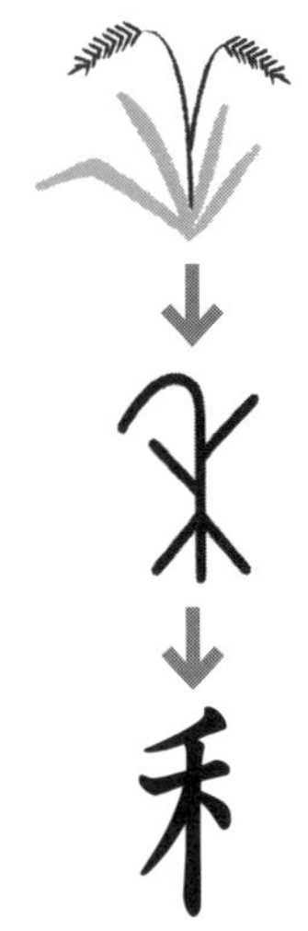

いねなどの作物《さくもつ》の形《かたち》が元《もと》になっているよ。

私　わたし・わたくし　シ

禾

秘　ヒ

禾

穀　コク

禾

◉漢字《かんじ》を入《い》れて書《か》こう。

しふく　□服
※個人《こじん》の服《ふく》のこと。

ひみつ　□密

こくもつ　□物
※いね・麦《むぎ》などのこと。

「私《わたし》」を使《つか》って文《ぶん》を作《つく》って書《か》こう。

練習プリント①②③（39～41ページ）を使《つか》ってたくさん練習《れんしゅう》しよう。

（　　　）月（　　　）日（　　　）曜日

「にくづき」の漢字①

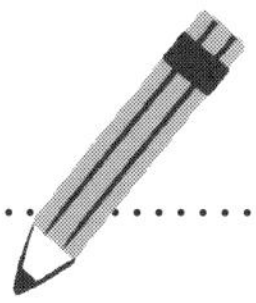

◉にくづき

肉《にく》を表《あらわ》した形《かたち》が「月《つき》」になったよ。
体《からだ》に関《かか》わる字《じ》があるね。

脳　ノウ

肺　ハイ

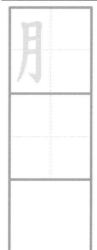

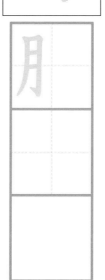

胃　イ

腸　チョウ

◉体《からだ》のどこにあるのかな？

のう

はい

い

ちょう

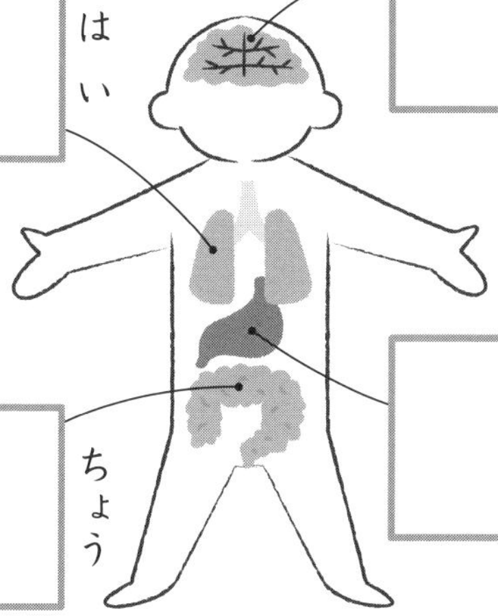

練習プリント①②③（39～41ページ）を使《つか》ってたくさん練習《れんしゅう》しよう。

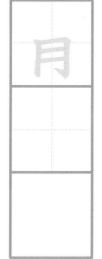

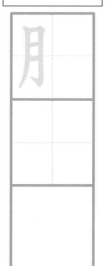

すてっぷ 6
漢字 17

（　　　）月（　　　）日（　　　）曜日

「にくづき」の漢字②

胸　むね　キョウ

腹　はら　フク

背　せ・せい　ハイ

臓　ゾウ

◉漢字《かんじ》を入《い》れて書《か》こう。

しんぞう　心□

むね　□

せなか　□中

わきばら　わき□ばら

練習プリント①②③（39～41ページ）を使《つか》ってたくさん練習《れんしゅう》しよう。

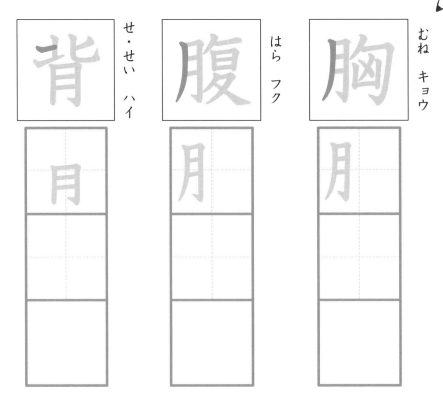

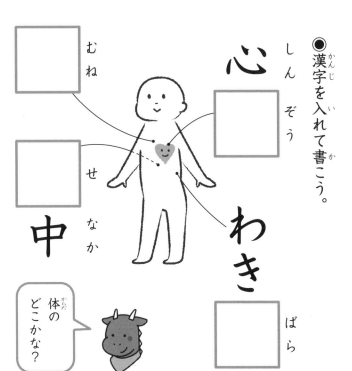

（　　　）月（　　　）日（　　　　）曜日

「ひへん」の漢字

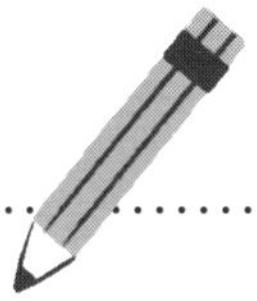

◉ひへん

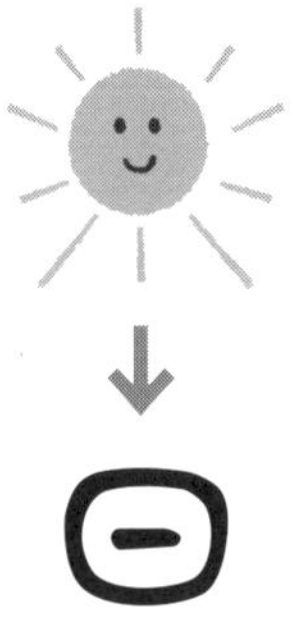

日

太陽《たいよう》の形《かたち》が元《もと》になったもの。
時間《じかん》や日数《にっすう》に関《かん》する漢字《かんじ》があるね。

映　うつ（る）　エイ

日

晩　バン

日

暖　あたた（かい）　ダン

日

◉漢字《かんじ》を入《い》れて書《か》こう。

えい　□　画　が

あさ　朝　□　ばん

※朝《あさ》と夜《よる》のこと。

おん　温　□　だん

※暖《あたた》かい気候《きこう》のこと。

今《いま》の季節《きせつ》と気候《きこう》についてくわしく書《か》いてみよう。

練習プリント①②③（39～41ページ）を使《つか》ってたくさん練習《れんしゅう》しよう。

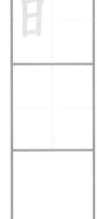

（　　　）月（　　　）日（　　　）曜日

「ころも」「ころもへん」の漢字

◉ころも

↓

↓

衣

着物《きもの》のえり元《もと》の形《かたち》が元《もと》になっているよ。

裁　さば（く）　サイ

衣

装　ソウ

衣

補　おぎな（う）　ホ

衤

◉漢字《かんじ》を入《い》れて書《か》こう。

さいばん
□判

※法律《ほうりつ》をもとに解決《かいけつ》する手続《てつづ》きのこと。

ほうそう
包□

りっこうほ
立候□

何《なに》かの係《かかり》や委員《いいん》に「**立候補**《りっこうほ》」したことはある？

練習プリント①②③（39～41ページ）を使《つか》ってたくさん練習《れんしゅう》しよう。

（　　　）月（　　　）日（　　　）曜日

「かねへん」の漢字

◉かねへん

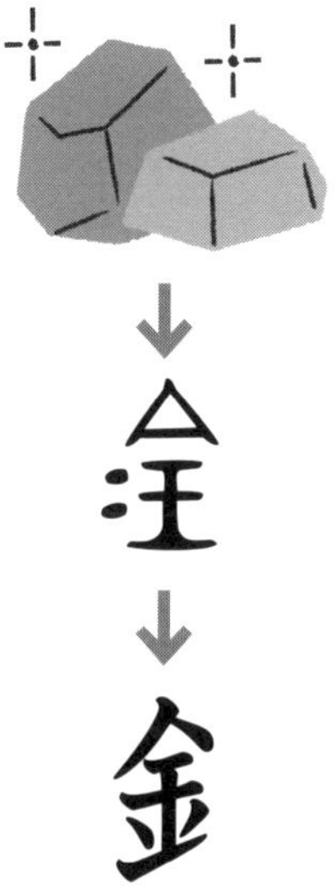

針　はり　シン

銭　セン

鋼　コウ

◉漢字《かんじ》を入《い》れて書《か》こう。

□金　はりがね

金□　きんせん

※お金《かね》のこと。

鉄□業　てっこうぎょう

あなたが今《いま》、おこづかいで買《か》いたいものを書《か》こう。

すてっぷ
6
漢字 21

（　　　）月（　　　）日（　　　）曜日

「りっとう」の漢字

◉りっとう

↓ 𠂉 ↓ 刂

刀《かたな》の形《かたち》が元《もと》になって、変化《へんか》した形《かたち》だよ。

刻　きざ（む）　コク

割　わ（る）・わり

創　つく（る）　ソウ

◉漢字《かんじ》を入《い》れて書《か》こう。

時□　じこく

□合　わりあい

□作　そうさく

※新《あたら》しいものを創《つく》り出《だ》すこと。

あなたが物語《ものがたり》を創作《そうさく》するとしたら、どんな人《ひと》を主人公《しゅじんこう》にする？

練習プリント①②③（39～41ページ）を使《つか》ってたくさん練習《れんしゅう》しよう。

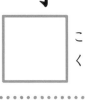

すてっぷ
6
漢字 22

（　　　）月（　　　）日（　　　）曜日

「すん」の漢字

◉すん

手《て》の指《ゆび》一本《いっぽん》のはばを表《あらわ》しているよ。

寸　スン

将　ショウ

尊　とうと（い）　ソン

◉漢字《かんじ》を入《い》れて書《か》こう。

採 □　さい すん

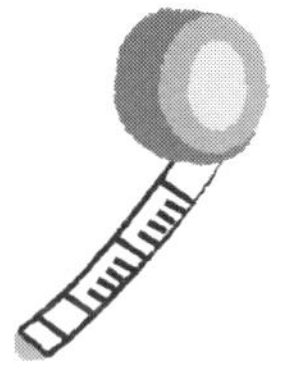

□ 来　しょう らい

□ 敬　そん けい

※その人《ひと》を尊《とうと》いと敬《うやま》うこと。

あなたは将来《しょうらい》どんな仕事《しごと》をしたい？

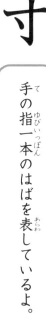

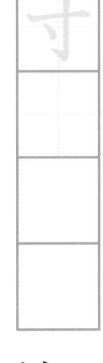

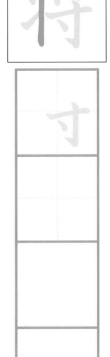

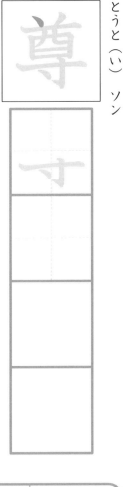

（　　　）月（　　　）日（　　　）曜日

「うかんむり」の漢字

◉うかんむり

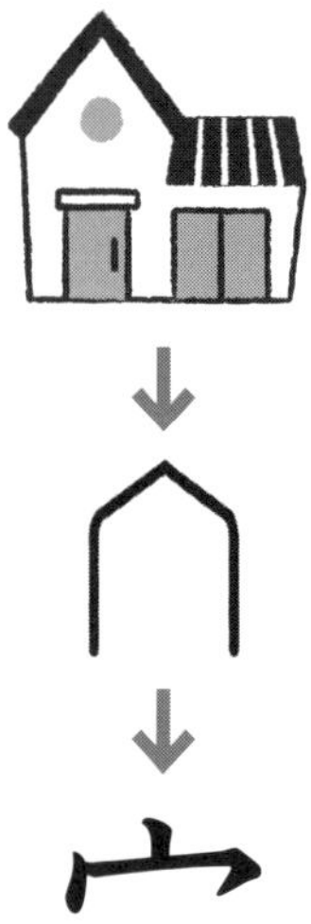

家《いえ》の屋根《やね》の形《かたち》を表《あらわ》しているよ。

字　ウ

宝　たから　ホウ

密　ミツ

◉漢字《かんじ》を入《い》れて書《か》こう。

□宙　うちゅう

□石　ほうせき

□集　みっしゅう

※すき間《ま》なくたくさん集《あつ》まること。

あなたが集《あつ》めているもの、大切《たいせつ》にしている**宝物**《たからもの》について書《か》きましょう。

練習プリント①②③（39～41ページ）を使《つか》ってたくさん練習《れんしゅう》しよう。

（　　）月（　　）日（　　）曜日

「くさかんむり」の漢字

若 わか（い）

著 チョ

蔵 ゾウ

◉くさかんむり

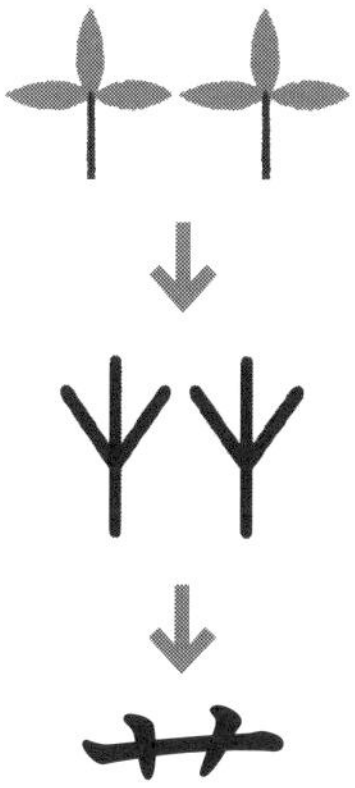

草《くさ》が生《は》えている様子《ようす》を表《あらわ》しているよ。

◉漢字《かんじ》を入《い》れて書《か》こう。

□葉　わかば

□者　ちょしゃ

※本《ほん》などを書《か》いた人《ひと》。

冷□庫　れいぞうこ

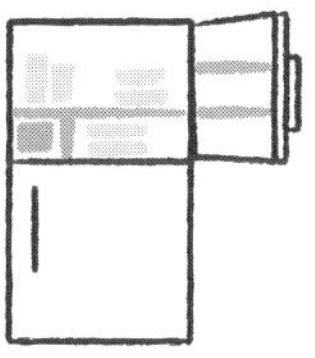

「**若者**《わかもの》」を使《つか》って文《ぶん》を作《つく》って書《か》こう。

練習プリント①②③（39～41ページ）を使《つか》ってたくさん練習《れんしゅう》しよう。

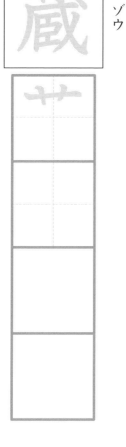

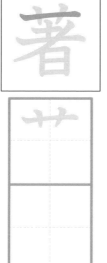

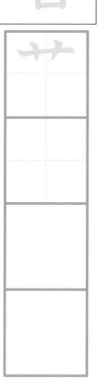

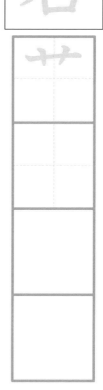

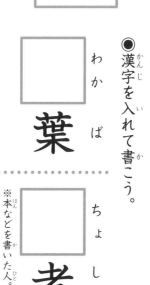

（　　　）月（　　　）日（　　　）曜日

「たけかんむり」の漢字

策　サク

簡　カン

筋　すじ　キン

◉たけかんむり

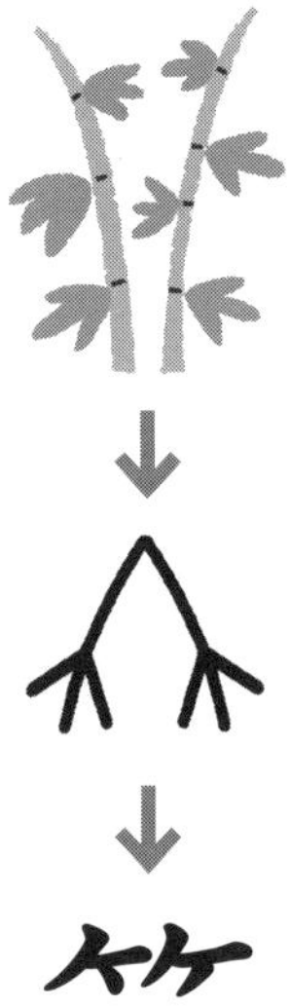

⺮

二本《にほん》の竹《たけ》が生《は》えている様子《ようす》を表《あらわ》しているよ。

◉漢字《かんじ》を入《い》れて書《か》こう。

きんにく　□肉

かんたん　□単

たいさく　対□

※対応《たいおう》するための手段《しゅだん》・方法《ほうほう》。

◉「たけかんむり」の漢字《かんじ》を見《み》つけて書《か》こう。

⺮

(例《れい》)

算	答	笛
笑	筆	箱

練習プリント①②③（39～41ページ）を使《つか》ってたくさん練習《れんしゅう》しよう。

（　　　）月（　　　）日（　　　）曜日

「しかばね」の漢字

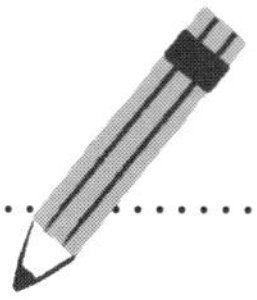

◉しかばね

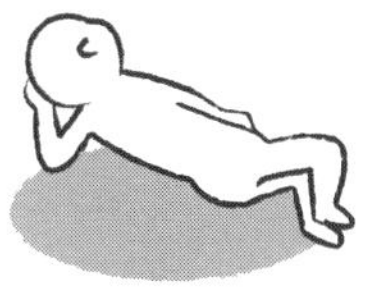

尸

横《よこ》たわっている人《ひと》の形《かたち》を元《もと》にしているよ。

尺　シャク

届　とど（ける）

展　テン

◉漢字《かんじ》を入《い》れて書《か》こう。

巻《ま》き□《じゃく》

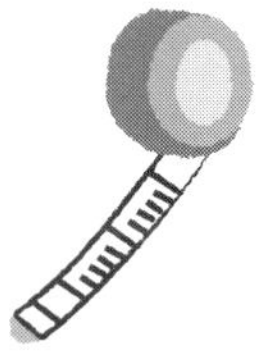

□《とど》け物《もの》

□《てん》覧会《らんかい》

「届《とど》ける」を使《つか》って文《ぶん》を作《つく》って書《か》こう。

（　　　　）月（　　　　）日（　　　　）曜日

「かい」「おおがい」の漢字

◉かい

昔《むかし》はお金《かね》の代《か》わりだった貝《かい》の形《かたち》が元《もと》になっているよ。

貴　キ

賃　チン

◉読《よ》んで書《か》こう。

貴重品《きちょうひん》

※大切《たいせつ》なもの。

賃金《ちんぎん》

※働《はたら》いてもらうお金《かね》。

◉おおがい

人《ひと》の「頭《あたま》」を表《あらわ》しているよ。

頂　いただ（く）　チョウ

預　あず（ける）　ヨ

頂《いただ》く

預《あず》ける

預金《よきん》

※銀行《ぎんこう》などに預《あず》けたお金《かね》。

練習プリント①②③（39～41ページ）を使《つか》ってたくさん練習《れんしゅう》しよう。

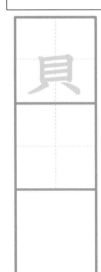

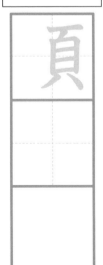

（　　　）月（　　　）日（　　　）曜日

いろいろな漢字①

閉　と（じる）・し（める）　ヘイ

窓　まど　ソウ

視　シ

◉漢字《かんじ》の足《た》し算《ざん》

車
＋
窓
＝
？

二《ふた》つの漢字《かんじ》を合《あ》わせると、どんな言葉《ことば》になるかな？
（→答《こた》えは44ページ）

◉漢字《かんじ》を入《い》れて書《か》こう。

□《まど》を□《し》める。

⟷ 反対《はんたい》の言葉《ことば》は？

□《あ》ける。

動画《どうが》を□《し》聴《ちょう》する。

※見《み》ることときくこと。

あなたの**視力《しりょく》**はいくつ？

右目《みぎめ》 □

左目《ひだりめ》 □

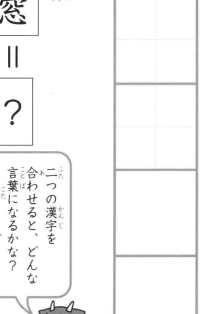

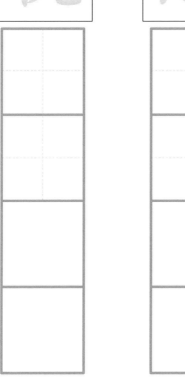

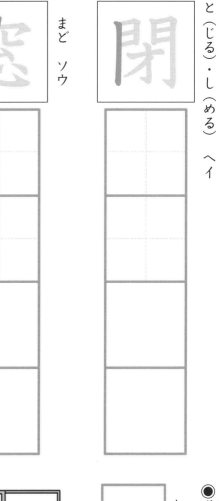

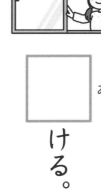

（　　　）月（　　　）日（　　　）曜日

いろいろな漢字②

難　むずか（しい）　ナン

疑　うたが（う）　ギ

敬　うやま（う）　ケイ

◉漢字《かんじ》の足《た》し算《ざん》

質 ＋ 疑 ＝ ？

二《ふた》つの漢字《かんじ》を合《あ》わせると、どんな言葉《ことば》になるかな？
（→答《こた》えは44ページ）

◉漢字《かんじ》を入《い》れて書《か》こう。

なんもん　□問
※解《と》くのが難《むずか》しい問題《もんだい》。

ぎもん　□問
※疑《うたが》ってたずねること。

そんけい　尊□
※その人《ひと》を尊《とうと》いと敬《うやま》うこと。

あなたが**尊敬**《そんけい》する人《ひと》は？

練習プリント①②③（39～41ページ）を使《つか》ってたくさん練習《れんしゅう》しよう。

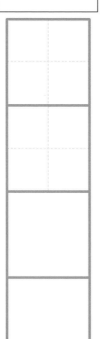

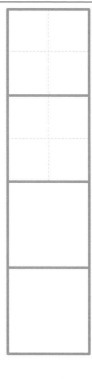

(　　　　)月(　　　　)日(　　　　)曜日

いろいろな漢字③

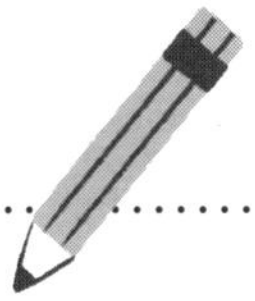

孝
コウ

律
リツ

姿
すがた
シ

◉漢字《かんじ》の足《た》し算《ざん》

法
＋
律
＝
？

◉漢字《かんじ》を入《い》れて書《か》こう。

こう　□行
※親《おや》を大切《たいせつ》にすること。

きりつ　規□
※決《き》まり。おきて。

しせい　□勢

「姿《すがた》」または「姿勢《しせい》」を使《つか》って文《ぶん》を作《つく》って書《か》こう。

よい姿勢《しせい》で書《か》いているかな？

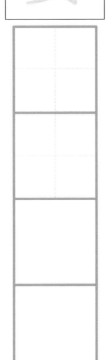

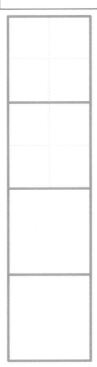

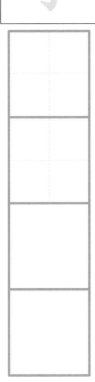

（　　　）月（　　　）日（　　　）曜日

いろいろな漢字④

班　ハン

危　あぶ（ない）　キ

奏　ソウ

◉漢字《かんじ》の足《た》し算《ざん》

班 ＋ 行 ＋ 動 ＝ ？

◉漢字《かんじ》を入《い》れて書《か》こう。

□長　はんちょう

□険　きけん

演□　えんそう

「演奏《えんそう》」を使《つか》って文《ぶん》を作《つく》って書《か》こう。

どんな楽器《がっき》を演奏《えんそう》したい？

　練習プリント①②③（39～41ページ）を使《つか》ってたくさん練習《れんしゅう》しよう。

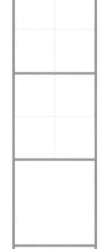

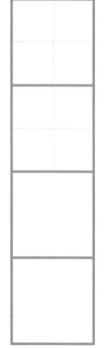

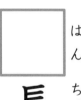

すてっぷ6の漢字

読《よ》めるかな？　書《か》けるかな？
練習プリント①②③で
たくさん練習《れんしゅう》しましょう。

胃 イ	異 イ こと	遺 イ	域 イキ	宇 ウ	映 エイ うつ(る)・うつ(す)	延 エン の(びる)・の(べる)・の(ばす)	沿 エン そ(う)	恩 オン	我 われ	灰 はい	拡 カク	革 カク
閣 カク	割 わ(る)・わり・わ(れる)	株 かぶ	干 カン ほ(す)	巻 カン ま(く)・まき	看 カン	簡 カン	危 キ あぶ(ない)	机 つくえ	揮 キ	貴 キ	疑 ギ うたが(う)	吸 キュウ す(う)
供 キョウ そな(える)・とも	胸 キョウ むね	郷 キョウ	勤 キン つと(める)・つと(まる)	筋 キン すじ	系 ケイ	敬 ケイ うやま(う)	警 ケイ	劇 ゲキ	激 ゲキ はげ(しい)	穴 あな	券 ケン	絹 きぬ
権 ケン	憲 ケン	源 ゲン みなもと	厳 ゲン きび(しい)	己 コ	呼 コ よ(ぶ)	誤 ゴ あやま(る)	后 コウ	孝 コウ	皇 コウ・オウ	紅 コウ べに	降 コウ お(りる)・お(ろす)・ふ(る)	鋼 コウ
刻 コク きざ(む)	穀 コク	骨 コツ ほね	困 コン こま(る)	砂 サ すな	座 ザ	済 サイ す(む)・す(ます)	裁 サイ さば(く)	策 サク	冊 サツ	蚕 サン かいこ	至 シ いた(る)	私 シ わたくし・わたし
姿 シ すがた	視 シ	詞 シ	誌 シ	磁 ジ	射 シャ い(る)	捨 シャ す(てる)	尺 シャク	若 わか(い)	樹 ジュ	収 シュウ おさ(める)・おさ(まる)	宗 シュウ	就 シュウ
衆 シュウ	従 ジュウ したが(う)・したが(える)	縦 ジュウ たて	縮 シュク ちぢ(む)・ちぢ(まる)・ちぢ(める)・ちぢ(れる)・ちぢ(らす)	熟 ジュク	純 ジュン	処 ショ	署 ショ	諸 ショ	除 ジョ のぞ(く)	承 ショウ	将 ショウ	傷 ショウ きず

□ はすてっぷ6 1～31 で取《と》り上《あ》げた漢字《かんじ》です。ほかの漢字《かんじ》も練習《れんしゅう》しましょう。

※漢字《かんじ》は音読《おんよ》み（カタカナ）→訓読《くんよ》み（ひらがな）の順《じゅん》に入《はい》っています。

覚《おぼ》えた漢字《かんじ》を
○で囲《かこ》んでみよう！

障 ショウ	蒸 ジョウ	針 シン はり	仁 ジン	垂 スイ た(れる)・た(らす)	推 スイ	寸 スン	盛 も(る)	聖 セイ	誠 セイ	舌 した	宣 セン	専 セン
泉 セン いずみ	洗 セン あら(う)	染 そ(める)・そ(まる)	銭 セン	善 ゼン よ(い)	奏 ソウ	窓 ソウ まど	創 ソウ つく(る)	装 ソウ	層 ソウ	操 ソウ	蔵 ゾウ	臓 ゾウ
存 ソン・ゾン	尊 ソン たっと(い)・とうと(い)・たっと(ぶ)・とうと(ぶ)	退 タイ しりぞ(く)・しりぞ(ける)	宅 タク	担 タン	探 タン さが(す)	誕 タン	段 ダン	暖 ダン あたた(か)・あたた(かい)・あたた(まる)・あたた(める)	値 チ ね	宙 チュウ	忠 チュウ	著 チョ
庁 チョウ	頂 チョウ いただ(く)・いただき	腸 チョウ	潮 チョウ しお	賃 チン	痛 ツウ いた(い)・いた(む)・いた(める)	敵 テキ	展 テン	討 トウ	党 トウ	糖 トウ	届 とど(ける)・とど(く)	難 ナン むずか(しい)
乳 ニュウ ちち	認 みと(める)	納 ノウ おさ(める)・おさ(まる)	脳 ノウ	派 ハ	拝 ハイ おが(む)	背 ハイ せ・せい	肺 ハイ	俳 ハイ	班 ハン	晩 バン	否 ヒ	批 ヒ
秘 ヒ	俵 ヒョウ たわら	腹 フク はら	奮 フン ふる(う)	並 なみ・なら(べる)・なら(ぶ)・なら(びに)	陛 ヘイ	閉 ヘイ と(じる)・し(める)・し(まる)	片 かた	補 ホ おぎな(う)	暮 く(れる)・く(らす)	宝 ホウ たから	訪 ホウ たず(ねる)	亡 ボウ
忘 わす(れる)	棒 ボウ	枚 マイ	幕 マク・バク	密 ミツ	盟 メイ	模 モ・ボ	訳 ヤク わけ	郵 ユウ	優 ユウ	預 ヨ あず(ける)・あず(かる)	幼 ヨウ おさな(い)	欲 ヨク
翌 ヨク	乱 ラン みだ(れる)・みだ(す)	卵 たまご	覧 ラン	裏 うら	律 リツ	臨 リン	朗 ロウ	論 ロン				

(　　　)月(　　　)日(　　　)曜日

練習プリント①

CD-ROM プリントしてつかおう!

漢字《かんじ》を選《えら》んで練習《れんしゅう》し、その漢字《かんじ》を使《つか》う文《ぶん》を作《つく》って書《か》きましょう。

どちらかの漢字《かんじ》を使《つか》って、文《ぶん》を作《つく》って書《か》こう。

書《か》き順《じゅん》にも気《き》をつけてね。

読《よ》み方《かた》
(　　)(　　)

読《よ》み方《かた》
(　　)(　　)

これまでに習《なら》った漢字《かんじ》を二《ふた》つ合《あ》わせて、言葉《ことば》を作《つく》ってみましょう。

(例《れい》)　優＋勝＝優勝《ゆうしょう》　担＋任＝担任《たんにん》　洗＋顔＝洗顔《せんがん》

○＋○＝□□

二字以上《にじいじょう》の漢字《かんじ》を合《あ》わせてできた言葉《ことば》を
熟語《じゅくご》というよ。

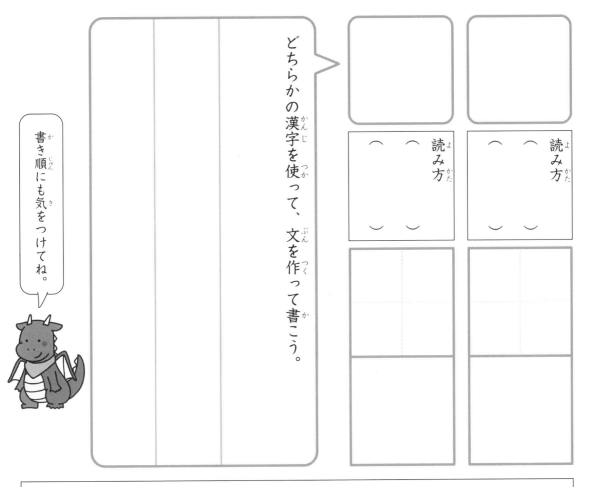

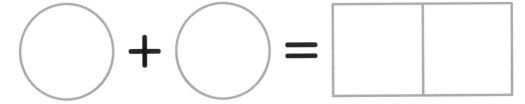

(　　　　)月(　　　　)日(　　　　)曜日

練習プリント②

CD-ROM プリントしてつかおう!

好《す》きなテーマで文章《ぶんしょう》を書《か》いてみましょう。

最近《さいきん》の出来事《できごと》、話題《わだい》になっていることなどについて、思《おも》ったこと、感《かん》じたことを自由《じゆう》に書《か》いてみましょう。

知《し》っている漢字《かんじ》を使《つか》って書《か》けたかな？

生活《せいかつ》の中《なか》では、横書《よこが》きで文章《ぶんしょう》を書《か》くことも多《おお》くあるよ。

（　　　　）月（　　　　）日（　　　　）曜日

練習プリント③

CD-ROM プリントしてつかおう！

辞典《じてん》を使《つか》って、漢字《かんじ》や熟語《じゅくご》の意味《いみ》を調《しら》べてみましょう。

国語《こくご》辞典《じてん》
言葉《ことば》の意味《いみ》を調《しら》べることができます。

漢字《かんじ》辞典《じてん》／漢和《かんわ》辞典《じてん》
漢字《かんじ》の意味《いみ》や漢字《かんじ》の成《な》り立《た》ち、その漢字《かんじ》を使《つか》った言葉《ことば》などを調《しら》べることができます。

例《れい》／「善意《ぜんい》」→（読《よ》み方《かた》）ぜんい
意味《いみ》　よい心《こころ》。他人《たにん》を思《おも》う親切心《しんせつしん》。

漢字《かんじ》や熟語《じゅくご》

（読《よ》み方《かた》）

意味《いみ》

漢字《かんじ》や熟語《じゅくご》

（読《よ》み方《かた》）

意味《いみ》

例《れい》／「善《ぜん》」→（読《よ》み方《かた》）ゼン　よ（い）
意味《いみ》　①よい。正《ただ》しい。②よくする。③仲《なか》が良《よ》い。

※インターネットの辞典《じてん》で調《しら》べる方法《ほうほう》もあります。

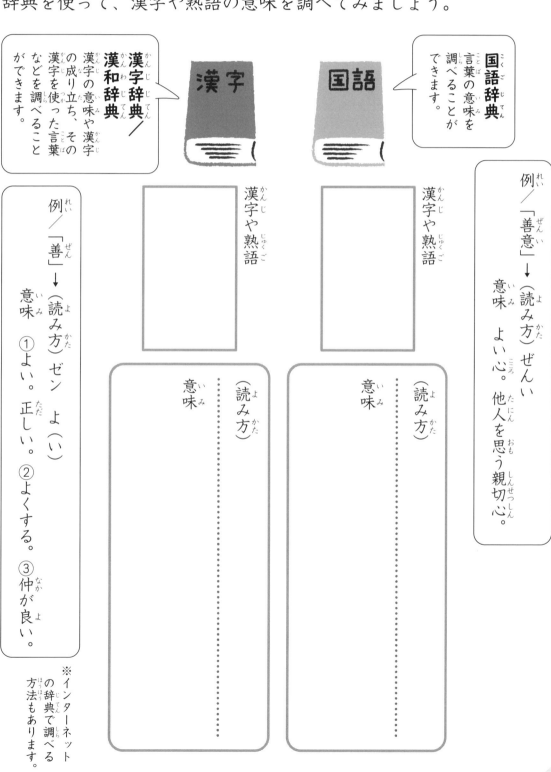

すてっぷ 6 漢字

（　　　）月（　　　）日（　　　）曜日

チャレンジテスト1

◉①～⑤の□に入《はい》る漢字《かんじ》を□から選《えら》んで書《か》こう。

① 赤組《あかぐみ》が□《ゆう》勝《しょう》した。

② 宝物《たからもの》を□《さが》します。

③ □《つくえ》を動《うご》かす。

④ タオルを□《あら》う。

⑤ 雨《あめ》が□《ふ》りそうだ。

納　降　樹　机　操　探　優　傷　洗　潮

＊使《つか》わない漢字《かんじ》もあります。

◉⑥～⑩の□に入《はい》る漢字《かんじ》を□から選《えら》んで書《か》こう。

⑥ うっかり□《わす》れていた。

⑦ 大声《おおごえ》で□《よ》ぶ。

⑧ □《たん》生日《じょうび》を祝《いわ》う。

⑨ □《わたし》は六年生《ろくねんせい》だ。

⑩ □《むね》がいっぱいになる。

誠　誕　私　秘　肺　胸　吸　呼　恩　忘

＊使《つか》わない漢字《かんじ》もあります。

10問中《もんちゅう》、何問《なんもん》合《あ》っていましたか？　問《もん》／10問《もん》

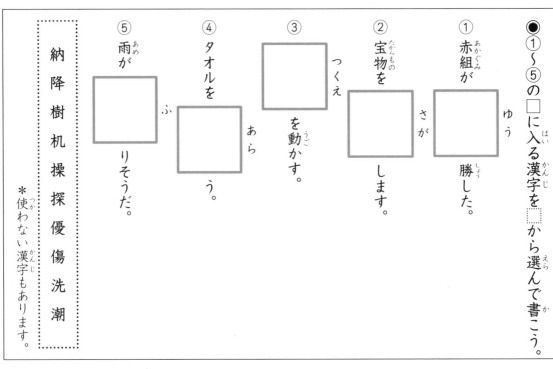

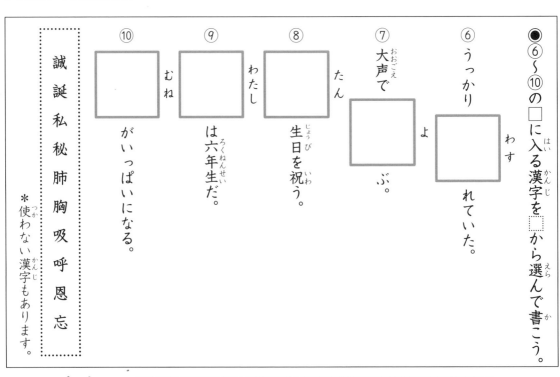

（　　　）月（　　　）日（　　　）曜日

チャレンジテスト2

◉——線《せん》の部《ぶ》分《ぶん》を漢字《かんじ》に直《なお》して書《か》こう。

①しんぞうの音《おと》。

②じこくを調《しら》べる。

③そんけいする人《ひと》。

④ひみつを守《まも》る。

⑤しりょくを測《はか》る。

◉——線《せん》の部《ぶ》分《ぶん》を漢字《かんじ》に直《なお》して文《ぶん》を書《か》こう。

⑥まどをしめてください。

⑦いとちょうの検《けん》査《さ》をする。

⑧あやまりをみとめる。

⑨たての線《せん》にそって切《き》る。

⑩しおの流《なが》れがはげしい。

10問中《もんちゅう》、何問《なんもん》合《あ》っていましたか？

問《もん》／10問《もん》

すてっぷ6 漢字

●6ページ【漢字1】子供《こども》・傷口《きずぐち》・値段《ねだん》

●7ページ【漢字2】俳句《はいく》・土俵《どひょう》・優勝《ゆうしょう》
米＋俵＝米俵《こめだわら》（米《こめ》を入《い》れる俵《たわら》）

●8ページ【漢字3】拡大《かくだい》・推理《すいり》・四捨《ししゃ》五入《ごにゅう》（5未満《みまん》の数《かず》を切《き》り捨《す》て、5以上《いじょう》の数《かず》を切《き》り上《あ》げること）

●9ページ【漢字4】操作《そうさ》・探検《たんけん》・担当《たんとう》
体＋操＝体操《たいそう》（手足《てあし》などを動《うご》かす運動《うんどう》）

●10ページ【漢字5】勉強机《べんきょうづくえ》・枚数《まいすう》・樹立《じゅりつ》

●11ページ【漢字6】権利《けんり》・犬《いぬ》も歩《ある》けば棒《ぼう》に当《あ》たる・模型《もけい》
鉄＋棒＝鉄棒《てつぼう》

●13ページ【漢字8】紅白《こうはく》・収納《しゅうのう》・単純《たんじゅん》↕複雑《ふくざつ》

●14ページ【漢字9】絹糸《きぬいと》・縦《たて》と横《よこ》・短《たん》縮《しゅく》
操＋縦＝操縦《そうじゅう》（機械《きかい》などを動《うご》かすこと）

●15ページ【漢字10】除菌《じょきん》・故障《こしょう》・乗《の》り降《お》り
「降水量《こうすいりょう》」とは／（〇）雨《あめ》が降《ふ》る量《りょう》のこと。

●16ページ【漢字11】忘《わす》れ物《もの》・忠告《ちゅうこく》・恩《おん》人《じん》

●20ページ【漢字15】私服《しふく》・秘密《ひみつ》・穀物《こくもつ》

●21ページ【漢字16】（右上《みぎうえ》から）脳《のう》・胃《い》・肺《はい》・腸《ちょう》

●22ページ【漢字17】（右上《みぎうえ》から）心臓《しんぞう》・わき腹《ばら》・胸《むね》・背中《せなか》

●23ページ【漢字18】映画《えいが》・朝晩《あさばん》・温暖《おんだん》

●24ページ【漢字19】裁判《さいばん》・包装《ほうそう》・立候《りっこう》補《ほ》

●25ページ【漢字20】針金《はりがね》・金銭《きんせん》・鉄鋼《てっこう》業《ぎょう》

●26ページ【漢字21】時刻《じこく》・割合《わりあい》・創作《そうさく》

●27ページ【漢字22】採寸《さいすん》・将来《しょうらい》・尊敬《そんけい》

●28ページ【漢字23】宇宙《うちゅう》・宝石《ほうせき》・密集《みっしゅう》

●29ページ【漢字24】若葉《わかば》・著者《ちょしゃ》・冷蔵《れいぞう》庫《こ》

●30ページ【漢字25】筋肉《きんにく》・簡単《かんたん》・対策《たいさく》

●31ページ【漢字26】巻《ま》き尺《じゃく》・届《とど》け物《もの》・展覧会《てんらんかい》

●33ページ【漢字28】窓《まど》を閉《し》める↕開《あ》ける・動画《どうが》を視聴《しちょう》する
車＋窓＝車窓《しゃそう》（電車《でんしゃ》などの窓《まど》、ながめ）

●34ページ【漢字29】難問《なんもん》・疑問《ぎもん》・尊敬《そんけい》
質＋疑＝質疑《しつぎ》（疑問点《ぎもんてん》を問《と》うこと）

●35ページ【漢字30】孝行《こうこう》・規律《きりつ》・姿勢《しせい》
法＋律＝法律《ほうりつ》

●36ページ【漢字31】班長《はんちょう》・危険《きけん》・演奏《えんそう》
班＋行＋動＝班行動《はんこうどう》

●42ページ【チャレンジテスト1】

①優
②探
③机
④洗
⑤降
⑥忘
⑦呼
⑧誕
⑨私
⑩胸

●43ページ【チャレンジテスト2】

①心臓《しんぞう》
②時刻《じこく》
③尊敬《そんけい》
④秘密《ひみつ》
⑤視力《しりょく》
⑥窓《まど》を閉《し》めてください。
⑦胃《い》と腸《ちょう》の検査《けんさ》をする。
⑧誤《あやま》りを認《みと》める。
⑨縦《たて》の線《せん》に沿《そ》って切《き》る。
⑩潮《しお》の流《なが》れが激《はげ》しい。

おしかったところは
復習《ふくしゅう》しておこう！

すてっぷ6 計算

●分数《ぶんすう》の四則計算《しそくけいさん》ができるようになろう!
●「文字《もじ》と式《しき》」「資料《しりょう》の読《よ》み取《と》りと計算《けいさん》」「比《ひ》の計算《けいさん》」などにちょう戦《せん》しよう!

すてっぷ6の力《ちから》をチェック!

- □「通分《つうぶん》」「約分《やくぶん》」ができる。
- □分数《ぶんすう》の足《た》し算《ざん》・引《ひ》き算《ざん》ができる。
- □「平均《へいきん》」「割合《わりあい》」「速《はや》さ」などの計算《けいさん》ができる。
- □資料《しりょう》から情報《じょうほう》を読《よ》み取《と》り、グラフや表《ひょう》に表《あらわ》すことができる。

すてっぷ
6
計算 1

(　　　)月(　　　)日(　　　)曜日

復習①小数の計算

次《つぎ》の計算《けいさん》をしましょう。(筆算《ひっさん》を書《か》きましょう。別《べつ》の紙《かみ》に大《おお》きく書《か》いてもいいよ。)

(1) 2.7×3.2

(2) 8.2×0.91

(3) 0.42×8.6

(4) $6.51 \div 2.1$

(5) $9.88 \div 3.8$

割《わ》り切《き》れるまで計算《けいさん》しよう！

(6) $5.58 \div 3.72$

スペシャル 問題《もんだい》！

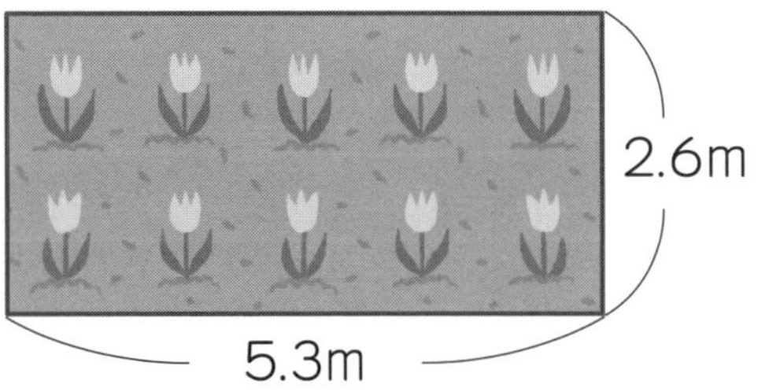

花畑《はなばたけ》の面積《めんせき》は何《なん》㎡ですか？

式《しき》 $2.6 \times 5.3 =$

答《こた》え 　　　㎡

(　　　　)月(　　　　)日(　　　　　　)曜日

復習②分数の足し算・引き算

次《つぎ》の計算《けいさん》をしましょう。

(1) $\frac{3}{5}+\frac{2}{3}$

(2) $1\frac{5}{6}-\frac{8}{15}$

(3) $\frac{2}{3}+\frac{1}{4}-\frac{5}{6}$

(4) $\frac{3}{4}-\frac{1}{5}+\frac{7}{10}$

スペシャル　問題《もんだい》！

どちらが大《おお》きいですか？　通分《つうぶん》して大《おお》きさを比《くら》べ、□に＞か＜を書《か》きましょう。

(1) $\frac{4}{9}$ □ $\frac{5}{12}$　　(2) $\frac{19}{15}$ □ $\frac{13}{10}$

すてっぷ 6
計算 3

（　　　）月（　　　）日（　　　　）曜日

復習③小数と分数

1 次《つぎ》の小数《しょうすう》を分数《ぶんすう》に直《なお》しましょう。

(例《れい》) $0.24 = \frac{24}{100}\ \frac{\div 4}{\div 4} = \boxed{\frac{6}{25}}$

0.1＝$\frac{1}{10}$、0.01＝$\frac{1}{100}$ です。
0.24は0.01の24個分《こぶん》なので
$\frac{24}{100}$ になります。
（約分《やくぶん》できるときはしよう！）

(1) $0.73 = \boxed{\frac{\square}{\square}}$

(2) $1.4 = \boxed{\frac{\square}{\square}} = \boxed{\frac{\square}{\square}}$

約分《やくぶん》しよう！

2 次《つぎ》の分数《ぶんすう》を小数《しょうすう》に直《なお》しましょう。

(例《れい》) $\frac{4}{5} = 4 \div 5 = \boxed{0.8}$

$\frac{\triangle}{\square} = \triangle \div \square$　分数《ぶんすう》は割《わ》り算《ざん》で表《あらわ》すことができます。

(1) $\frac{5}{2} = \square \div \square$
$= \square$

(2) $\frac{1}{8} = \square \div \square$
$= \square$

スペシャル　問題《もんだい》！

一番大《いちばんおお》きい数《かず》はどれですか？　分数《ぶんすう》を小数《しょうすう》で表《あらわ》して答《こた》えましょう。

0.4、$\frac{11}{25}$、$\frac{21}{50}$

答《こた》え

すてっぷ 6
計算 4

（　　　）月（　　　）日（　　　）曜日

整数×分数①

カラーペンが合計《ごうけい》100本《ぽん》あります。

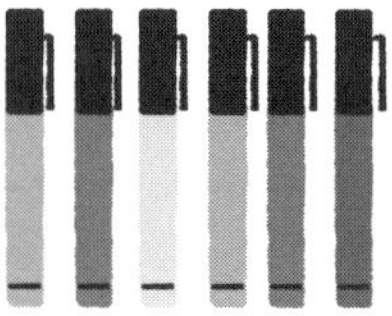

（1）100本《ぽん》のうち、$\frac{1}{2}$が
黒《くろ》いペンです。
黒《くろ》いペンは何本《なんぼん》ですか？

$\frac{1}{2}$だけ色《いろ》をぬろう！

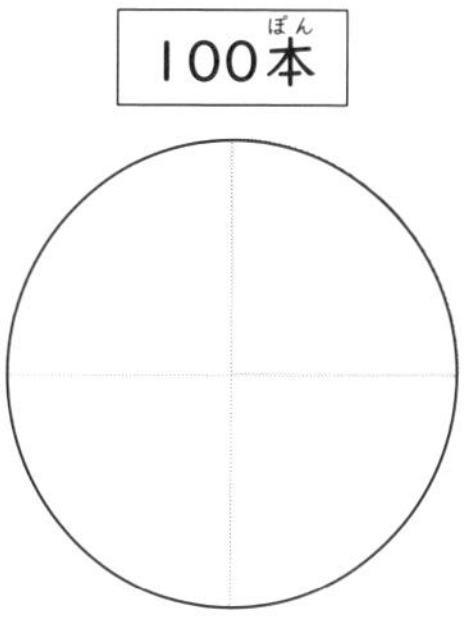

全体《ぜんたい》の本数《ほんすう》　黒《くろ》いペンの割合《わりあい》

式《しき》 $100 \times \frac{1}{2} =$

答《こた》え　　本《ほん》

（2）100本《ぽん》のうち、$\frac{1}{4}$が
赤《あか》いペンです。
赤《あか》いペンは何本《なんぼん》ですか？

$\frac{1}{4}$だけ色《いろ》をぬろう！

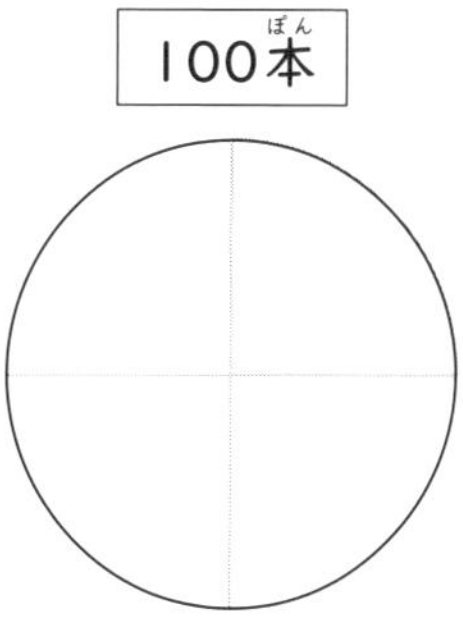

全体《ぜんたい》の本数《ほんすう》　赤《あか》いペンの割合《わりあい》

式《しき》 $\times \quad =$

答《こた》え　　本《ほん》

スペシャル 問題《もんだい》！

次《つぎ》の計算《けいさん》をしましょう。

（1）$40 \times \frac{1}{2}$　　（2）$40 \times \frac{1}{4}$

すてっぷ
6
計算 5

(　　　)月(　　　)日(　　　　　)曜日

整数×分数②

さくら小学校《しょうがっこう》の6年生《ねんせい》50人《にん》に
「好《す》きな給食《きゅうしょく》」についてアンケートを取《と》りました。

(1) 6年生《ねんせい》50人《にん》のうち、$\frac{1}{2}$の人《ひと》が
「カレーが好《す》き」と答《こた》えました。
カレーが好《す》きな人《ひと》は何人《なんにん》ですか？

50人《にん》

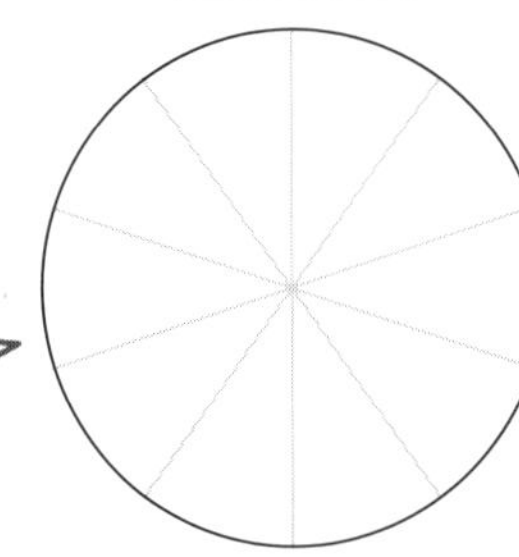

$\frac{1}{2}$だけ色《いろ》を
ぬろう！

6年生《ねんせい》の人数《にんずう》　カレーが好《す》きな人《ひと》の割合《わりあい》

式《しき》 $50 \times \frac{1}{2} =$

答《こた》え　人《にん》

(2) 6年生《ねんせい》50人《にん》のうち、$\frac{2}{5}$の人《ひと》が
「あげパンが好《す》き」と答《こた》えました。
あげパンが好《す》きな人《ひと》は何人《なんにん》ですか？

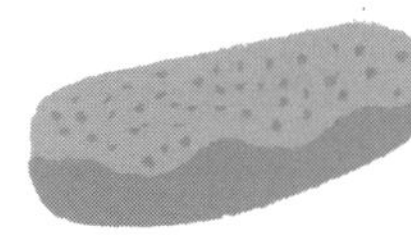

50人《にん》

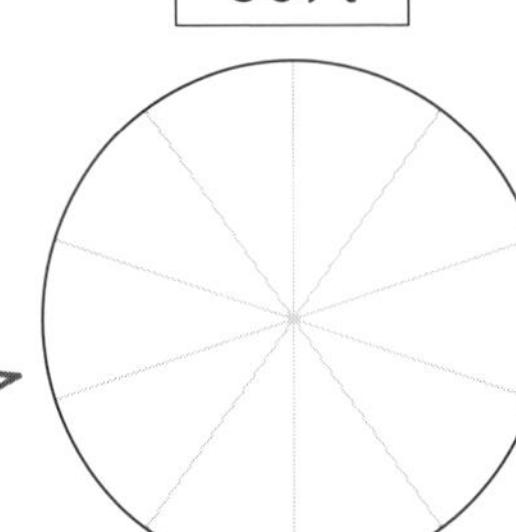

$\frac{2}{5}$だけ色《いろ》を
ぬろう！

6年生《ねんせい》の人数《にんずう》　あげパンが好《す》きな人《ひと》の割合《わりあい》

式《しき》 $\times \quad =$

答《こた》え　人《にん》

(　　　)月(　　　)日(　　　)曜日

分数×整数①

分数《ぶんすう》×整数《せいすう》の計算《けいさん》をするときは、分子《ぶんし》にその整数《せいすう》をかけます。

(例《れい》)

$$\frac{3}{8} \times 4 = \frac{3 \times 4}{8}\ (\div 4) = \frac{3}{2}$$

約分《やくぶん》できるときはしよう！

次《つぎ》の計算《けいさん》をしましょう。

(1) $\frac{3}{7} \times 2 = \frac{3 \times \square}{7} = \frac{\square}{\square}$

約分《やくぶん》！

(2) $\frac{9}{10} \times 5 = \frac{9 \times \square}{10} = \frac{\square}{\square}$

(3) $\frac{5}{12} \times 3$

(4) $\frac{7}{9} \times 6$

分子《ぶんし》の方《ほう》にかけるんだね。

約分《やくぶん》を忘《わす》れないように気《き》をつけよう！

スペシャル 問題《もんだい》！

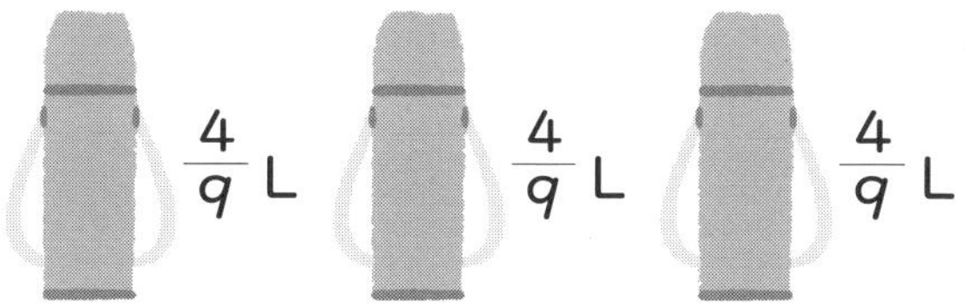

飲《の》み物《もの》は全部《ぜんぶ》で何《なん》L入《はい》りますか？

式《しき》 $\frac{4}{9} \times 3 =$

答《こた》え　　L

すてっぷ 6
計算 7

（　　　）月（　　　）日（　　　　）曜日

分数×整数②

次《つぎ》の計算《けいさん》をしましょう。

(1) $\frac{3}{5} \times 4$

(2) $\frac{1}{7} \times 7$

(3) $\frac{5}{4} \times 10$

(4) $\frac{5}{6} \times 8$

(5) $\frac{1}{4} \times 12$

(6) $\frac{3}{10} \times 15$

スペシャル　問題《もんだい》！

$\frac{5}{9}$mのリボンが6本《ぽん》あります。全部《ぜんぶ》で何《なん》mですか？

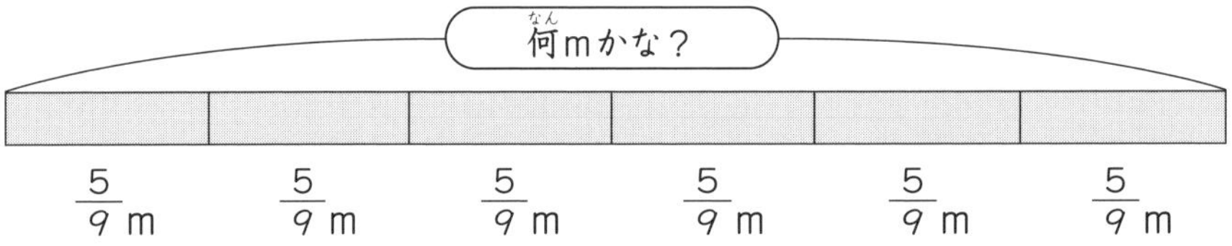

式《しき》 $\frac{5}{9} \times 6 =$

答《こた》え　　m

すてっぷ 6 計算 8

（　　　）月（　　　）日（　　　　）曜日

分数のかけ算①

分数《ぶんすう》のかけ算《ざん》は、分母同士《ぶんぼどうし》、分子同士《ぶんしどうし》をかけます。

（例《れい》）

$$\frac{3}{4} \times \frac{1}{2} = \frac{3 \times 1}{4 \times 2} = \boxed{\frac{3}{8}}$$

分母同士《ぶんぼどうし》、分子同士《ぶんしどうし》をかけ算《ざん》します。

次《つぎ》の計算《けいさん》をしましょう。

（1） $\frac{2}{3} \times \frac{5}{7}$

（2） $\frac{15}{7} \times \frac{3}{8}$

（3） $\frac{7}{4} \times \frac{2}{5}$

スペシャル　問題《もんだい》！

縦《たて》$\frac{2}{3}$m、横《よこ》$\frac{7}{5}$mの花《か》だんがあります。面積《めんせき》は何《なん》㎡ですか？

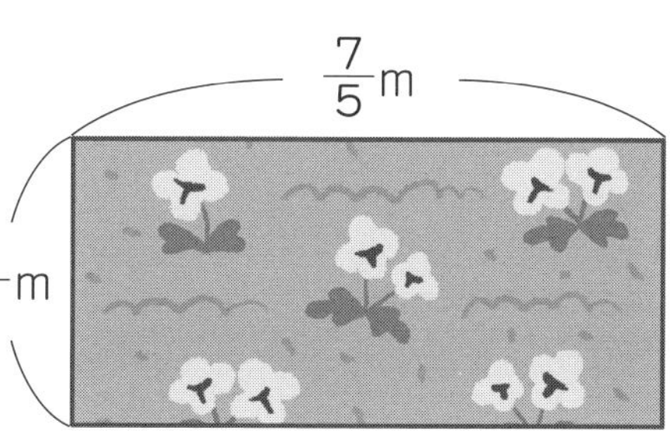

式《しき》 $\frac{2}{3} \times \frac{7}{5} =$

答《こた》え　㎡

すてっぷ 6

計算 9

（　　　）月（　　　）日（　　　）曜日

分数のかけ算②

次《つぎ》の計算《けいさん》をしましょう。

（例《れい》）　$\frac{3}{4} \times \frac{8}{5} = \frac{3 \times 8}{4 \times 5} = \frac{3 \times 2}{1 \times 5} = \boxed{\frac{6}{5}}$

（8 ÷4＝2、4 ÷4＝1）

分子《ぶんし》と分母《ぶんぼ》に同《おな》じ数《かず》で割《わ》れる数《かず》があったら約分《やくぶん》します。

次《つぎ》の計算《けいさん》をしましょう。

（1）　$\frac{2}{7} \times 1\frac{5}{6}$

（2）　$\frac{1}{8} \times 2\frac{2}{3}$

（3）　$2\frac{2}{5} \times 3\frac{1}{3}$

帯分数《たいぶんすう》は、仮分数《かぶんすう》に直《なお》してから計算《けいさん》しよう！

スペシャル　問題《もんだい》！

4個《こ》入《い》りのシュークリームが620円《えん》で売《う》っています。
シュークリーム3個分《こぶん》の値段《ねだん》は何円《なんえん》ですか？

全体《ぜんたい》を4等分《とうぶん》した
3つ分《ぶん》の値段《ねだん》なので
$\frac{3}{4}$をかければいいね！

式《しき》　$620 \times \frac{3}{4} =$

答《こた》え　　　円《えん》

すてっぷ
6
計算 10

（　　　）月（　　　）日（　　　　）曜日

分数のかけ算③

次《つぎ》の計算《けいさん》をしましょう。

(1) $\frac{2}{7} \times \frac{14}{15}$

(2) $\frac{3}{4} \times 1\frac{3}{5}$

(3) $3\frac{1}{2} \times \frac{12}{7}$

(4) $2\frac{4}{5} \times 3\frac{1}{2}$

スペシャル　問題《もんだい》！　時間《じかん》を分数《ぶんすう》で表《あらわ》しましょう。

(例《れい》)　30分《ぷん》は $\frac{1}{2}$ 時間《じかん》と
表《あらわ》すことができます。

(1) 45分《ふん》は

$\frac{\square}{4}$ 時間《じかん》

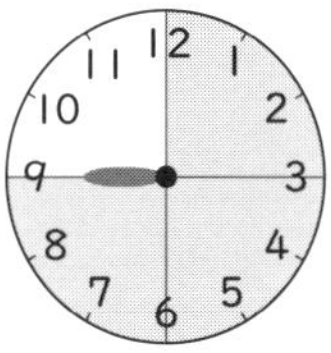

(2) 20分《ぷん》は

$\frac{\square}{\square}$ 時間《じかん》

すてっぷ 6
計算 11

（　　　）月（　　　）日（　　　）曜日

逆数

分数《ぶんすう》の分母《ぶんぼ》と分子《ぶんし》を入《い》れかえた数《かず》を「**逆数《ぎゃくすう》**」といいます。

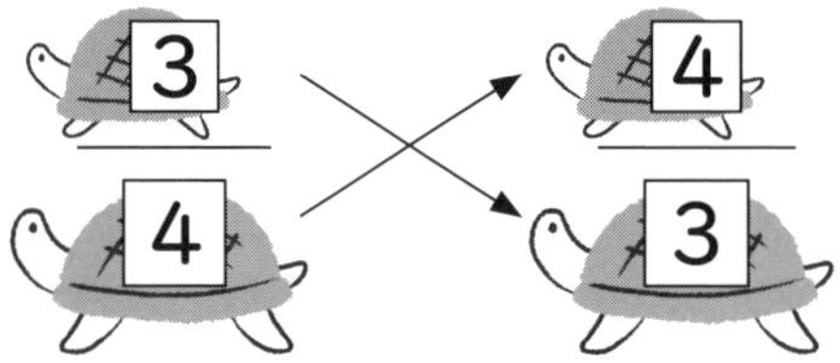

逆数《ぎゃくすう》をかけると1になります。
$\frac{3}{4}\times\frac{4}{3}=1$

1 次《つぎ》の分数《ぶんすう》の逆数《ぎゃくすう》を答《こた》えましょう。

(1) $\frac{3}{2}$ → $\frac{\square}{3}$

(2) $\frac{5}{4}$ → $\frac{\square}{\square}$

(3) $\frac{9}{10}$ $\frac{\square}{\square}$

(4) $\frac{37}{24}$ $\frac{\square}{\square}$

2 次《つぎ》の整数《せいすう》を分数《ぶんすう》に直《なお》し、逆数《ぎゃくすう》を答《こた》えましょう。

(1) $5=\frac{5}{1}$ → $\frac{\square}{5}$

(2) $10=\frac{10}{1}$ → $\frac{\square}{\square}$

(3) $8=\frac{\square}{\square}$ $\frac{\square}{\square}$

(4) $57=\frac{\square}{\square}$ $\frac{\square}{\square}$

スペシャル　問題《もんだい》！

次《つぎ》の分数《ぶんすう》に逆数《ぎゃくすう》をかけましょう。(答《こた》えは1になるかな？)

(1) $\frac{2}{5}\times\frac{\square}{\square}$

(2) $\frac{7}{4}\times\frac{\square}{\square}$

すてっぷ
6
計算 12

（　　　）月（　　　）日（　　　）曜日

分数÷整数①

分数《ぶんすう》÷整数《せいすう》は、**整数《せいすう》の逆数《ぎゃくすう》を**かけ算《ざん》します。

（例《れい》）

$$\frac{12}{7} \div 3 = \frac{12}{7} \div \frac{3}{1} = \frac{\cancel{12}}{7} \times \frac{1}{3} = \frac{4}{7}$$

÷3＝□

÷3＝□

逆数《ぎゃくすう》にします。

約分《やくぶん》できるときはしよう！

約分《やくぶん》を
忘《わす》れないように
気《き》をつけよう！

次《つぎ》の計算《けいさん》をしましょう。

（1）$\frac{5}{6} \div 2 = \frac{5}{6} \div \frac{2}{1} = \frac{5}{6} \times \frac{1}{2} = \frac{\square}{\square}$

（2）$\frac{4}{7} \div 8 = \frac{4}{7} \div \frac{8}{1} = \frac{\cancel{4}}{7} \times \frac{\square}{\square} = \frac{\square}{\square}$

÷4

約分《やくぶん》！

（3）$\frac{8}{9} \div 6$

スペシャル　問題《もんだい》！

オレンジジュースが$\frac{5}{8}$Lあります。
2人《ふたり》で同《おな》じ量《りょう》ずつ分《わ》けると、1人分《ひとりぶん》は
何《なん》Lですか？

$\frac{5}{8}$L

同《おな》じ量《りょう》ずつ
分《わ》けるときは
割《わ》り算《ざん》だね！

式《しき》　$\frac{5}{8} \div 2 =$

答《こた》え　　L

すてっぷ 6

計算 13

(　　　)月(　　　)日(　　　)曜日

分数÷整数②

次《つぎ》の計算《けいさん》をしましょう。

(1) $\frac{1}{4}\div 5=\frac{1}{4}\div\frac{\boxed{5}}{\boxed{1}}=\frac{1}{4}\times\frac{\boxed{1}}{\boxed{}}=\frac{\boxed{}}{\boxed{}}$

(2) $\frac{8}{15}\div 10=\frac{8}{15}\div\frac{\boxed{}}{\boxed{}}=\frac{8}{15}\times\frac{\boxed{}}{\boxed{}}=\frac{\boxed{}}{\boxed{}}$

約分《やくぶん》！

(3) $\frac{12}{11}\div 18$

(4) $\frac{4}{13}\div 6$

(5) $\frac{3}{4}\div 9$

スペシャル　問題《もんだい》！

$\frac{5}{2}$㎡の花《か》だんを、園芸係《えんげいがかり》の3人《にん》で同《おな》じ面積《めんせき》に分《わ》けます。1人分《ひとりぶん》の面積《めんせき》は何《なん》㎡ですか？

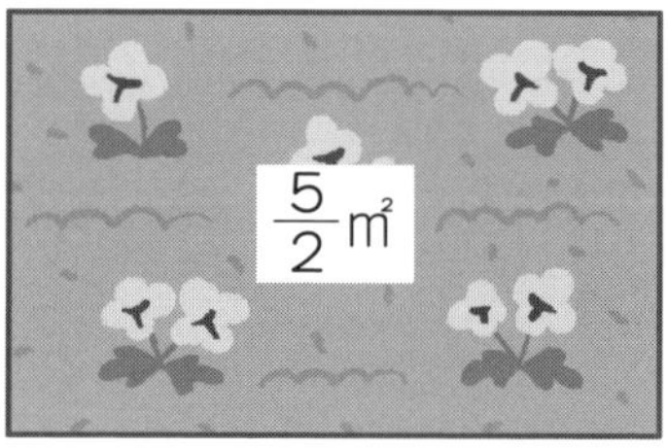

式《しき》 $\frac{5}{2}\div 3=$

答《こた》え　　　㎡

すてっぷ
6
計算 14

（　　　）月（　　　）日（　　　　　）曜日

分数の割り算①

分数同士《ぶんすうどうし》の割《わ》り算《ざん》は、割《わ》る数《かず》を逆数《ぎゃくすう》にしてかけます。

（例《れい》）$\dfrac{1}{4} \div \dfrac{8}{5} = \dfrac{1}{4} \times \dfrac{5}{8} = \dfrac{1 \times 5}{4 \times 8} = \boxed{\dfrac{5}{32}}$

÷の後《あと》の分数《ぶんすう》を逆数《ぎゃくすう》にしてかけます。

分数同士《ぶんすうどうし》の割《わ》り算《ざん》は、かけ算《ざん》に直《なお》して計算《けいさん》するんだね。

次《つぎ》の計算《けいさん》をしましょう。

（1）$\dfrac{2}{9} \div \dfrac{7}{4}$

（2）$1\dfrac{2}{7} \div \dfrac{2}{5}$

（3）$2\dfrac{2}{3} \div 3\dfrac{1}{2}$

帯分数《たいぶんすう》は、仮分数《かぶんすう》に直《なお》してから計算《けいさん》しよう！

例《れい》　$1\dfrac{2}{7} = \dfrac{7}{7} + \dfrac{2}{7} = \dfrac{9}{7}$

スペシャル　問題《もんだい》！

面積《めんせき》が$1\dfrac{2}{3}$m²の長方形《ちょうほうけい》の花《か》だんがあります。縦《たて》の長《なが》さは$\dfrac{4}{5}$mです。横《よこ》の長《なが》さは何《なん》mですか？

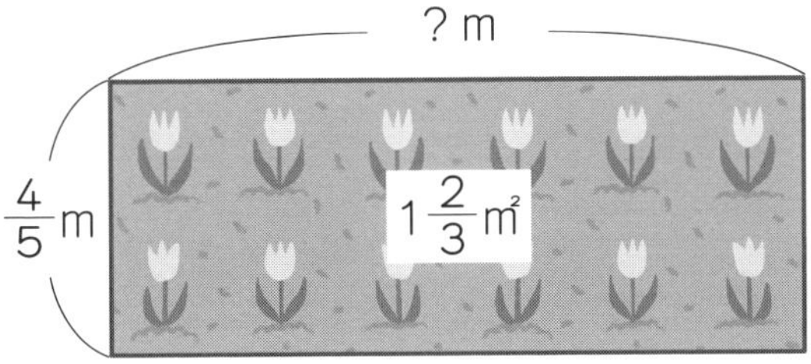

式《しき》　$1\dfrac{2}{3} \div \dfrac{4}{5} =$

答《こた》え　　　m

すてっぷ 6

計算 15

（　　　　）月（　　　　）日（　　　　）曜日

分数の割り算②

例《れい》を見《み》て、約分《やくぶん》が必要《ひつよう》な分数《ぶんすう》の割《わ》り算《ざん》にちょう戦《せん》しましょう。

（例《れい》）

$$\frac{3}{7} \div \frac{9}{2} = \frac{3}{7} \times \frac{2}{9} = \frac{\overset{\div 3 = \boxed{1}}{\cancel{3}} \times 2}{7 \times \underset{\div 3 = \boxed{3}}{\cancel{9}}} = \frac{1 \times 2}{7 \times 3} = \frac{2}{21}$$

÷の後《あと》の分数《ぶんすう》を
逆数《ぎゃくすう》にしてかけます。

分母《ぶんぼ》と分子《ぶんし》に同《おな》じ数《かず》で割《わ》れる
数《すう》があったら約分《やくぶん》します。

次《つぎ》の計算《けいさん》をしましょう。

（1）$\frac{5}{9} \div \frac{15}{2}$

（2）$2\frac{1}{4} \div \frac{7}{8}$

（3）$14 \div 2\frac{1}{3}$

帯分数《たいぶんすう》は仮分数《かぶんすう》に、
整数《せいすう》は分数《ぶんすう》に
直《なお》してから計算《けいさん》しよう！

スペシャル　問題《もんだい》！

次《つぎ》の割《わ》り算《ざん》の式《しき》の中《なか》で、商《しょう》（割《わ》り算《ざん》の答《こた》え）が450よりも大《おお》きくなるものを選《えら》んで（　）に○をつけましょう。

ヒント　1より小《ちい》さい数《かず》で割《わ》ると、商《しょう》は割《わ》られる数《かず》よりも大《おお》きくなるよ。

$450 \div 2$ （　　）	$450 \div \frac{5}{9}$ （　　）	$450 \div \frac{9}{8}$ （　　）

（　　　）月（　　　）日（　　　）曜日

分数の割り算③

次《つぎ》の計算《けいさん》をしましょう。

(1) $\dfrac{3}{4} \div \dfrac{9}{2}$

(2) $\dfrac{5}{3} \div 1\dfrac{1}{12}$

(3) $2\dfrac{1}{4} \div \dfrac{3}{4}$

(4) $3\dfrac{3}{5} \div 1\dfrac{1}{15}$

帯分数《たいぶんすう》は仮分数《かぶんすう》に
直《なお》してから計算《けいさん》しよう！

スペシャル　問題《もんだい》！

「÷３」と「×$\dfrac{1}{3}$」は本当《ほんとう》に同《おな》じですか？　考《かんが》えてみましょう！

$1 \div 3$ … 1個《こ》のケーキを3人《にん》で同《おな》じ量《りょう》ずつ分《わ》けたときの1人分《ひとりぶん》

$1 \times \dfrac{1}{3}$ … 1個《こ》のケーキを3等分《とうぶん》したうちの1つ

同《おな》じ！

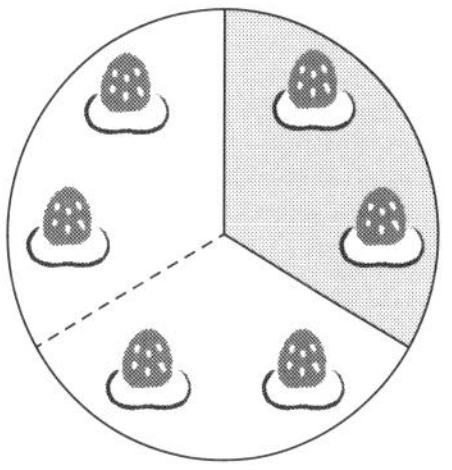

すてっぷ
6
計算 17

(　　　)月(　　　)日(　　　　)曜日

計算のきまりを使って

計算《けいさん》のきまりを知《し》っていますか？

① ●＋▲＝▲＋●

② ●×▲＝▲×●

③ (●＋▲)×■＝●×■＋▲×■

分数《ぶんすう》の計算《けいさん》にも
使《つか》えるよ。

①②③に
●＝2、▲＝3、■＝4
を入《い》れて
確《たし》かめてみよう！

計算《けいさん》のきまりを使《つか》って、次《つぎ》の計算《けいさん》をしましょう。

② ●×▲＝▲×●を使《つか》う

(1) $\frac{2}{7}\times\frac{3}{5}\times\frac{7}{2}=\left(\frac{2}{7}\times\frac{7}{2}\right)\times\frac{3}{5}$

積《せき》が1になるものを先《さき》に計算《けいさん》。

1

同《おな》じように計算《けいさん》しましょう。

(2) $\frac{5}{9}\times\frac{1}{7}\times\frac{9}{5}$

③ (●＋▲)×■＝●×■＋▲×■ を使《つか》う

(3) $\frac{1}{6}\times\frac{1}{7}+\frac{5}{12}\times\frac{1}{7}=\left(\frac{1}{6}+\frac{5}{12}\right)\times\frac{1}{7}$

同《おな》じ数《かず》をかけるときは…

先《さき》にまとめる。

同《おな》じように計算《けいさん》しましょう。

(4) $\frac{2}{3}\times\frac{2}{9}+\frac{5}{6}\times\frac{2}{9}$

（　　　　）月（　　　　）日（　　　　）曜日

分数の四則計算①

例《れい》を見《み》て、かけ算《ざん》と割《わ》り算《ざん》が混《ま》ざった分数《ぶんすう》の計算《けいさん》にちょう戦《せん》しましょう。

（例《れい》）$\frac{5}{8}\times\frac{4}{15}\div\frac{1}{2}=\frac{5}{8}\times\frac{4}{15}\times\frac{2}{1}=\frac{\overset{1}{\cancel{5}}\times\overset{1}{\cancel{4}}\times\overset{1}{\cancel{2}}}{\underset{1\ \cancel{2}}{\cancel{8}}\times\underset{3}{\cancel{15}}\times1}=\frac{1}{3}$

逆数《ぎゃくすう》にし、かけ算《ざん》の式《しき》に直《なお》します。

約分《やくぶん》します。

次《つぎ》の計算《けいさん》をしましょう。

(1) $\frac{1}{3}\div\frac{1}{9}\div\frac{7}{8}=\frac{1}{3}\times\frac{9}{1}\times\frac{8}{7}$

(2) $\frac{7}{12}\div\frac{2}{15}\times\frac{5}{14}=\frac{7}{12}\times\frac{\square}{\square}\times\frac{5}{14}$

(3) $\frac{3}{4}\times\frac{5}{18}\div\frac{5}{13}$

スペシャル　問題《もんだい》！

右《みぎ》の花《か》だんの$\frac{1}{3}$の面積《めんせき》を求《もと》めましょう。

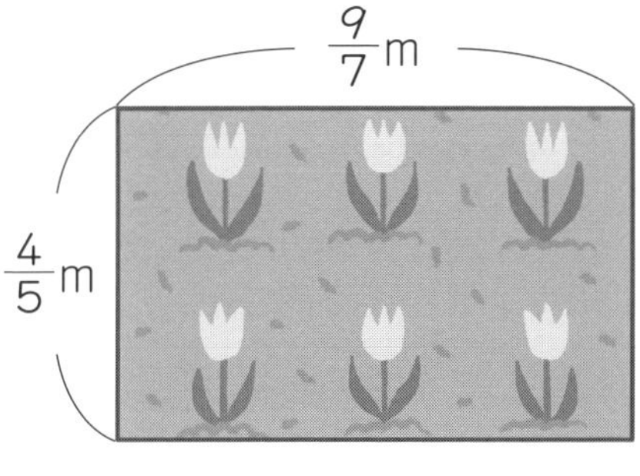

縦《たて》 × 横《よこ》 × $\frac{1}{3}$

式《しき》

答《こた》え

m²

（　　　　）月（　　　　）日（　　　　）曜日

分数の四則計算②

例《れい》を見《み》て、分数《ぶんすう》の四則計算《しそくけいさん》（足《た》し算《ざん》・引《ひ》き算《ざん》・かけ算《ざん》・割《わ》り算《ざん》が混《ま》ざった計算《けいさん》）にちょう戦《せん》しましょう。

（例《れい》）

＋－は、通分《つうぶん》して計算《けいさん》しよう！

$$\frac{5}{7} \div \frac{10}{21} + \frac{5}{8} = \frac{\overset{1}{\cancel{5}} \times \overset{3}{\cancel{21}}}{\underset{1}{\cancel{7}} \times \underset{2}{\cancel{10}}} + \frac{5}{8} = \frac{3}{2} + \frac{5}{8} = \frac{12}{8} + \frac{5}{8} = \boxed{\frac{17}{8}}$$

計算《けいさん》の順序《じゅんじょ》を思《おも》い出《だ》し、①（　）の中《なか》、②×÷、③＋－の順《じゅん》に計算《けいさん》します。

÷の後《あと》は逆数《ぎゃくすう》にしよう！

次《つぎ》の計算《けいさん》をしましょう。

（1）$\frac{20}{21} \times \left(\frac{1}{3} + \frac{1}{4}\right) = \frac{20}{21} \times \left(\frac{\square}{\square} + \frac{\square}{\square}\right)$

まず、（　）の中《なか》から計算《けいさん》しよう！　通分《つうぶん》すると…？

（2）$\frac{2}{7} \times \frac{4}{9} + \frac{1}{3} \times \frac{12}{7}$

スペシャル問題《もんだい》！

Aの紙《かみ》とBの紙《かみ》の面積《めんせき》の合計《ごうけい》は何《なん》㎡ですか？

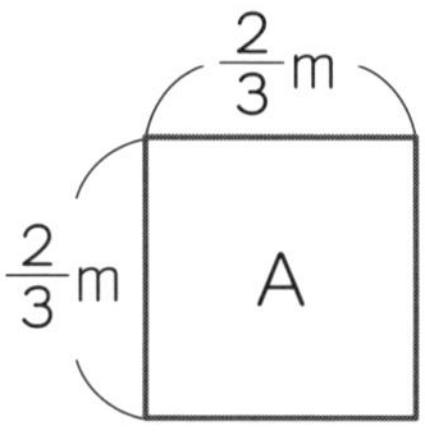

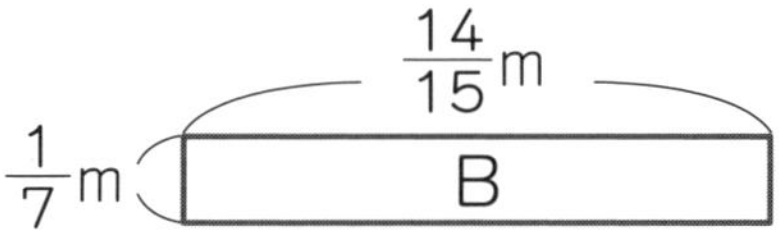

式《しき》

$\frac{\square}{\square} \times \frac{\square}{\square} + \frac{\square}{\square} \times \frac{\square}{\square}$

Aの紙《かみ》の面積《めんせき》　Bの紙《かみ》の面積《めんせき》

答《こた》え　　㎡

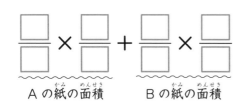

(　　　)月(　　　)日(　　　　)曜日

分数の四則計算③

例《れい》を見《み》て、小数《しょうすう》と分数《ぶんすう》の四則計算《しそくけいさん》にちょう戦《せん》しましょう。

(例《れい》) $\dfrac{4}{5} \div 1.6 = \dfrac{4}{5} \div \dfrac{16}{10} = \dfrac{\overset{1}{\cancel{4}} \times \overset{5\ 1}{\cancel{10}}}{\underset{1}{\cancel{5}} \times \underset{8\ 2}{\cancel{16}}} = \boxed{\dfrac{1}{2}}$

まず、小数《しょうすう》を分数《ぶんすう》に直《なお》します。

÷の後《あと》の数《かず》を逆数《ぎゃくすう》にし、かけ算《ざん》の式《しき》に直《なお》して計算《けいさん》します。

小数《しょうすう》を分数《ぶんすう》に直《なお》してから計算《けいさん》しよう！

次《つぎ》の計算《けいさん》をしましょう。

(1) $\dfrac{1}{3} \times 0.4 = \dfrac{1}{3} \times \dfrac{\square}{10}$

(2) $0.9 \div \dfrac{3}{10}$

(3) $\dfrac{3}{4} \div 6 \div 0.8 = \dfrac{3}{4} \div \dfrac{6}{1} \div \dfrac{\square}{\square}$

整数《せいすう》も分母《ぶんぼ》が1の分数《ぶんすう》に直《なお》そう！

スペシャル　問題《もんだい》！

小数《しょうすう》を分数《ぶんすう》に直《なお》して通分《つうぶん》し、大《おお》きい順《じゅん》に並《なら》べましょう。

$\dfrac{4}{5}$　　1.2　　0.4

分数《ぶんすう》に直《なお》して、分母《ぶんぼ》をそろえると比《くら》べやすくなるね！

答《こた》え　　　＞　　　＞

（　　　）月（　　　）日（　　　）曜日

分数の四則計算④

次《つぎ》の計算《けいさん》をしましょう。

(1) $\frac{4}{5} \times \frac{2}{7} \div \frac{8}{15}$

(2) $\left(\frac{2}{7} + \frac{1}{3}\right) \times \frac{4}{13}$

(3) $\frac{8}{15} \times \frac{5}{2} - \frac{3}{14} \div \frac{6}{7}$

(4) $\frac{5}{12} \div 10 \div 0.5$

(5) $\frac{5}{7} \div 2.5 \times 15$

スペシャル　問題《もんだい》！

分数《ぶんすう》で、だいたいの量《りょう》を伝《つた》えましょう！

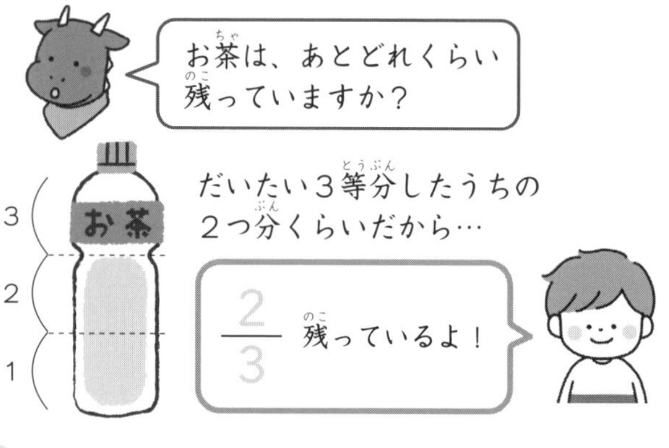
お茶《ちゃ》は、あとどれくらい残《のこ》っていますか？
3
2
1
お茶
だいたい３等分《とうぶん》したうちの２つ分《ぶん》くらいだから…
$\frac{2}{3}$ 残《のこ》っているよ！

塩《しお》は、あとどれくらい残《のこ》っていますか？
3
2
1
$\frac{□}{□}$ 残《のこ》っているよ！

(　　　　)月(　　　　)日(　　　　)曜日

資料の調べ方と計算①

表《ひょう》やグラフなどの資料《しりょう》を調《しら》べて計算《けいさん》しましょう。

山下《やました》さんが今月《こんげつ》の朝《あさ》7:00の天気《てんき》を調《しら》べたところ、以下《いか》のようでした。

月《げつ》	火《か》	水《すい》	木《もく》	金《きん》	土《ど》	日《にち》
1	2	3	4	5	6	7
8	9	10	11	12	13	14
15	16	17	18	19	20	21
22	23	24	25	26	27	28
29	30	31				

結果《けっか》を表《ひょう》にまとめましょう。

天気《てんき》	晴《は》れ	くもり	雨《あめ》
日数《にっすう》			

(1) 一番多《いちばんおお》いのは(　　　　　)、
少《すく》ないのは(　　　　　)

(2) 晴《は》れとくもりの日《ひ》のちがいは
(　　　　)日

(3) 晴《は》れの日《ひ》は　雨《あめ》の日《ひ》の何倍《なんばい》ですか？

式《しき》 (　晴《は》れの日《ひ》 □ ÷ 雨《あめ》の日《ひ》 □ ＝　　　　　)　答《こた》え(　　　　　倍《ばい》)

スペシャル 問題《もんだい》！　上《うえ》の表《ひょう》をグラフに表《あらわ》してみましょう。

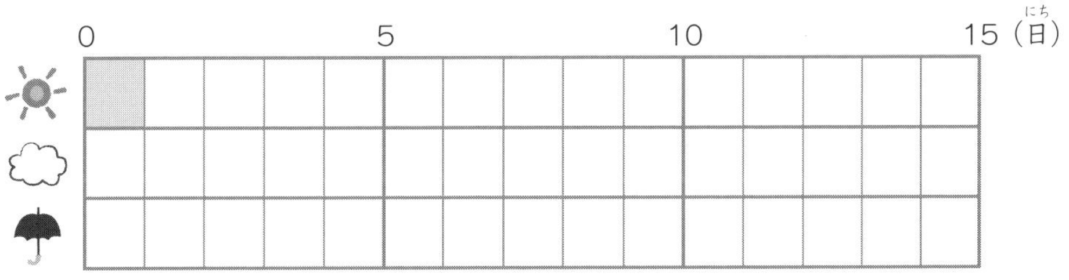

すてっぷ 6

計算 23

(　　　)月(　　　)日(　　　)曜日

資料の調べ方と計算②

次《つぎ》の表《ひょう》は6年《ねん》1組《くみ》と2組《くみ》の代表《だいひょう》10人《にん》が走《はし》りはばとび競争《きょうそう》をしたものです。

● 1組《くみ》

番号《ばんごう》	記録《きろく》(m)	番号《ばんごう》	記録《きろく》(m)
①	3.4	⑥	4.0
②	4.8	⑦	4.6
③	4.5	⑧	3.9
④	4.5	⑨	3.5
⑤	3.9	⑩	4.2

● 2組《くみ》

番号《ばんごう》	記録《きろく》(m)	番号《ばんごう》	記録《きろく》(m)
①	3.5	⑥	3.8
②	4.6	⑦	4.7
③	4.4	⑧	3.4
④	4.6	⑨	4.9
⑤	4.1	⑩	4.3

(1) 4m以上《いじょう》とんだ人《ひと》の人数《にんずう》は何人《なんにん》ですか。

1組《くみ》 6 人《にん》／2組《くみ》 人《にん》

(2) 一番《いちばん》記録《きろく》がよかったのは、何番《なんばん》の人《ひと》ですか。

1組《くみ》 番《ばん》／2組《くみ》 番《ばん》

(3) 1組《くみ》の記録《きろく》の平均《へいきん》を求《もと》めましょう。

平均《へいきん》は、
合計《ごうけい》÷人数《にんずう》だね。

1組《くみ》の平均《へいきん》

m

スペシャル 問題《もんだい》！

1組《くみ》・2組《くみ》の合計《ごうけい》の結果《けっか》をグラフに表《あらわ》してみましょう。

一番多《いちばんおお》かったのは

(㋐・㋑・㋒・㋓)です。

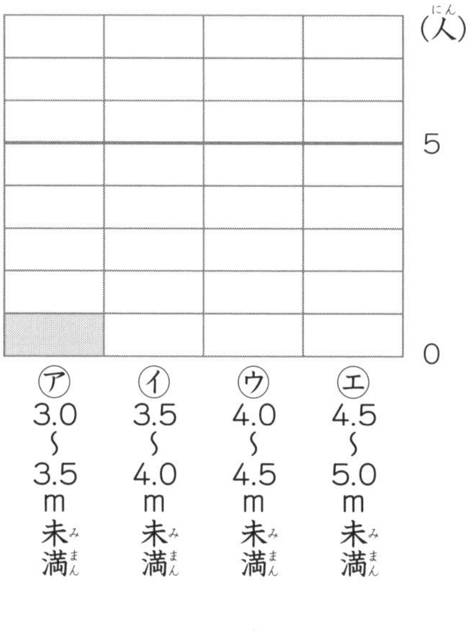
(人《にん》)
5
0
㋐ 3.0 ～ 3.5 m 未満《みまん》
㋑ 3.5 ～ 4.0 m 未満《みまん》
㋒ 4.0 ～ 4.5 m 未満《みまん》
㋓ 4.5 ～ 5.0 m 未満《みまん》

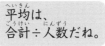

すてっぷ
6
計算 24

(　　　　)月(　　　　)日(　　　　　　)曜日

資料の調べ方と計算③

下《した》のグラフは、６年《ねん》３組全員《くみぜんいん》の家《いえ》での１日《にち》の勉強時間《べんきょうじかん》です。

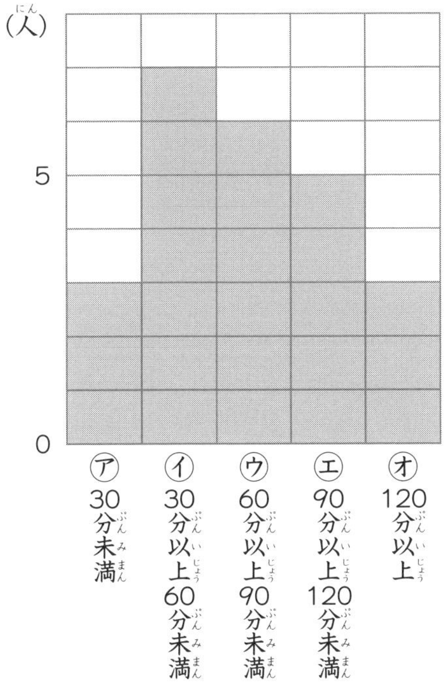

(1) ６年《ねん》３組全員《くみぜんいん》で
(　　　　　)人《にん》です。

(2) 一番人数《いちばんにんずう》が多《おお》い時間《じかん》は…
(　　　　)分以上《ぷんいじょう》
(　　　　)分未満《ぷんみまん》

(3) 同《おな》じ人数《にんずう》だったのは
(㋐・㋑・㋒・㋓・㋔)

(4) 家《いえ》での１日《にち》の勉強時間《べんきょうじかん》が60分以上《ぷんいじょう》の人《ひと》の人数《にんずう》を求《もと》めましょう。

答《こた》え
人《にん》

スペシャル 問題《もんだい》！

あなたの家《いえ》での１日《にち》の勉強時間《べんきょうじかん》は何分《なんぷん》くらいですか。
またそれは、㋐～㋔のどこに入《はい》りますか。グラフに書《か》き加《くわ》えてみましょう。

(　　　　)分《ふん》くらい→(㋐・㋑・㋒・㋓・㋔)

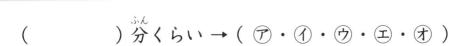

(　　　)月(　　　)日(　　　)曜日

文字と式①

次《つぎ》の★に当《あ》てはまる数字《すうじ》は何《なに》か考《かんが》えましょう。

(1)　61＋★＝88

★＝[88]－[61]

★＝

答《こた》え　★＝

(2)　★－11＝37

★＝[　]＋[　]

★＝

答《こた》え　★＝

(3)　8×★＝24

★＝[　]÷[　]

★＝

答《こた》え　★＝

(4)　★÷3＝27

★＝[　]×[　]

★＝

答《こた》え　★＝

スペシャル　問題《もんだい》！　★を使《つか》って式《しき》を作《つく》り、計算《けいさん》しましょう。

★個《こ》入《い》りのアメを5ふくろ買《か》うと、アメは全部《ぜんぶ》で35個《こ》です。

何《なん》ふくろ？　全部《ぜんぶ》で何個《なんこ》？

式《しき》　★×　　＝

答《こた》え　1ふくろ[　]個《こ》入《い》り

（　　　　）月（　　　　）日（　　　　　　）曜日

文字と式②

■と●を使《つか》った式《しき》があります。数字《すうじ》を当《あ》てはめて計算《けいさん》しましょう。

（1）　■ − 27 = ●

■が36のとき、●は □

●が36のとき、■は □

（2）　72 ÷ ■ = ●

■が8のとき、●は □

●が12のとき、■は □

スペシャル　問題《もんだい》！

●円《えん》のチョコレートと、120円《えん》のキャラメルを買《か》って、500円《えんし》支はらうと、おつりは■円《えん》です。

（1）●と■を使《つか》って、式《しき》に表《あらわ》しましょう。

支《し》はらったお金《かね》　チョコレートの値段《ねだん》　キャラメルの値段《ねだん》　おつり

式《しき》　500 −（　　＋　　）＝

（2）チョコレートの値段《ねだん》が100円《えん》、150円《えん》、180円《えん》のとき、おつりは何円《なんえん》ですか？　（1）の式《しき》に当《あ》てはめて、表《ひょう》を完成《かんせい》させましょう。

チョコレートの値段《ねだん》○円《えん》	100	150	180
おつり□円《えん》			

（　　　　）月（　　　　）日（　　　　）曜日

文字と式③

数量《すうりょう》の関係《かんけい》を式《しき》に表《あらわ》すときに、■や●の代《か》わりに x《エックス》 や y《ワイ》 を使《つか》うことがあります。

■ − 34 = 26　と　$x - 34 = 26$　は同《おな》じ！

次《つぎ》の x《エックス》 に当《あ》てはまる数字《すうじ》は何《なに》か考《かんが》えましょう！

（1）　$x + 15 = 38$

$x =$ 38 − 15

$x =$

答《こた》え

$x =$

（2）　$x \times 5 = 60$

$x =$ □ ÷ □

$x =$

答《こた》え

$x =$

（3）　$x \div 7 = 11$

$x =$ □ × □

$x =$

答《こた》え

$x =$

スペシャル問題《もんだい》！　x《エックス》 や y《ワイ》 を書《か》いてみよう！

エックス

① x	x	

ワイ

① y	y	

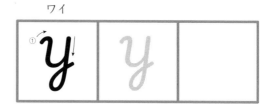

（　　　）月（　　　）日（　　　　）曜日

文字と式④

1 x《エックス》とy《ワイ》を使《つか》った式《しき》があります。数字《すうじ》を当《あ》てはめて計算《けいさん》しましょう。

$$x + 52 = y$$

（1）xが27のとき、yは □

（2）xが37のとき、yは □

①1冊《さつ》 x 円《えん》のノートを5冊《さつ》買《か》う ➡ $x \times 5$
②その代金《だいきん》をy 円《えん》とする ➡ $x \times 5 = y$ と表《あらわ》すことができます。

2 次《つぎ》の x《エックス》 と y《ワイ》 の関係《かんけい》を式《しき》に表《あらわ》しましょう。

（1）1個《こ》 x《エックス》 円《えん》のプリン7個《こ》を買《か》ったときの代金《だいきん》y《ワイ》円《えん》

プリン1個《こ》の値段《ねだん》		買《か》うプリンの個数《こすう》		代金《だいきん》
x	×		＝	y

（2）1冊《さつ》 x《エックス》 円《えん》のノートと、110円《えん》のペンを買《か》ったときの代金《だいきん》y《ワイ》円《えん》

ノートの値段《ねだん》		ペンの値段《ねだん》		代金《だいきん》
	＋		＝	

スペシャル 問題《もんだい》！

1本《ぽん》x円《えん》のペンを5本《ほん》買《か》ったときの代金《だいきん》y円《えん》の式《しき》は

$$x \times 5 = y$$

ペンの値段《ねだん》（x《エックス》）が110円《えん》、120円《えん》、130円《えん》のとき、代金《だいきん》（y《ワイ》）は何円《なんえん》ですか？　計算《けいさん》して下《した》の表《ひょう》を完成《かんせい》させましょう。

ペン1本《ぽん》の値段《ねだん》x（円《えん》）	110	120	130
代金《だいきん》y（円《えん》）			

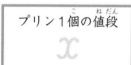

（　　　）月（　　　）日（　　　）曜日

文字と式⑤

次《つぎ》の問題《もんだい》に答《こた》えましょう。

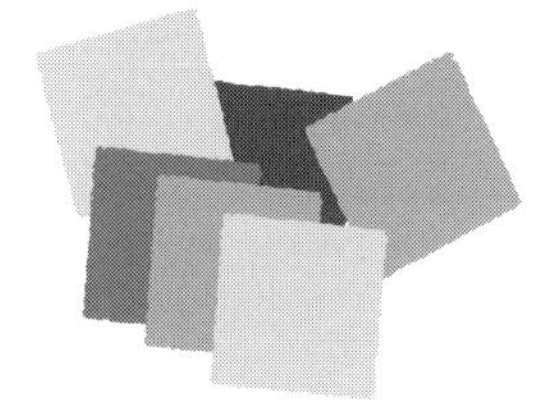

1 45枚《まい》の画用紙《がようし》のうち、x《エックス》枚《まい》使《つか》ったら、残《のこ》りの枚数《まいすう》がy《ワイ》枚《まい》になりました。

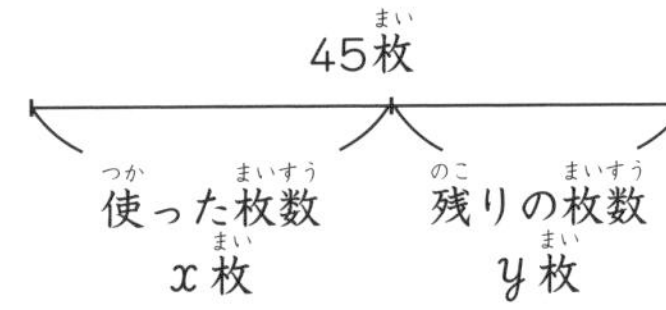
45枚《まい》
使《つか》った枚数《まいすう》
x枚《まい》
残《のこ》りの枚数《まいすう》
y枚《まい》

(1) x《エックス》とy《ワイ》の関係《かんけい》を表《あらわ》す式《しき》を書《か》きましょう。

全体《ぜんたい》の数《かず》　使《つか》った枚数《まいすう》　残《のこ》りの枚数《まいすう》

[45] − [x] = [y]

(2) x《エックス》の値《あたい》が3のときと、15のときの、y《ワイ》の値《あたい》をそれぞれ求《もと》めましょう。

式《しき》　xの値《あたい》が3のとき

xの値《あたい》　yの値《あたい》

45 − [3] = [　]

xの値《あたい》が15のとき

45 − [15] = [　]

答《こた》え

x＝3のとき　y＝

x＝15のとき　y＝

2 一辺《いっぺん》の長《なが》さがx《エックス》cmの正方形《せいほうけい》のまわりの長《なが》さはy《ワイ》cmです。

(1) x《エックス》とy《ワイ》の関係《かんけい》を表《あらわ》す式《しき》を書《か》きましょう。

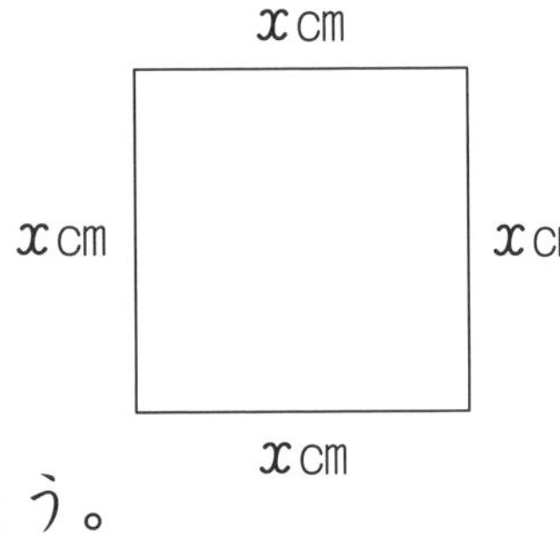
$x$cm
$x$cm
$x$cm
$x$cm

一辺《いっぺん》の長《なが》さ　正方形《せいほうけい》の辺《へん》の数《かず》　まわりの長《なが》さ

[　] × [4] = [　]

(2) x《エックス》の値《あたい》が4のときの、y《ワイ》の値《あたい》を求《もと》めましょう。

式《しき》

答《こた》え

x＝4のとき　y＝

（　　　）月（　　　）日（　　　　）曜日

文字と式⑥

次《つぎ》の問題《もんだい》に答《こた》えましょう。

1個《こ》120円《えん》のシュークリームを買《か》って、80円《えん》の箱《はこ》に入《い》れてもらいます。シュークリームを x《エックス》 個《こ》買《か》ったときの代金《だいきん》を y《ワイ》円《えん》とします。

120円《えん》

80円《えん》

(1) x《エックス》 と y《ワイ》 の関係《かんけい》を表《あらわ》す式《しき》を書《か》きましょう。

シュークリーム1個《こ》の値段《ねだん》		個数《こすう》		箱《はこ》の値段《ねだん》		代金《だいきん》
120	×	x	＋	80	＝	y

(2) x《エックス》 の値《あたい》が1から5のときの代金《だいきん》を求《もと》め、表《ひょう》を完成《かんせい》させましょう。

(1) の式《しき》に x の値《あたい》を当《あ》てはめて計算《けいさん》しよう！

x（個《こ》）	1	2	3	4	5
y（円《えん》）					

(3) 予算《よさん》500円《えん》で、できるだけ多《おお》くのシュークリームを買《か》い、箱《はこ》に入《い》れてもらおうと思《おも》います。シュークリームは何個《なんこ》買《か》えますか？

(2) の表《ひょう》を見《み》て考《かんが》えよう！
500円以内《えんいない》で買《か》えるのは…

答《こた》え　　　　個《こ》

(4) 予算《よさん》700円《えん》で、できるだけ多《おお》くのシュークリームを買《か》い、箱《はこ》に入《い》れてもらおうと思《おも》います。シュークリームは何個《なんこ》買《か》えますか？

x の値《あたい》が6のときも計算《けいさん》してみよう！

答《こた》え　　　　個《こ》

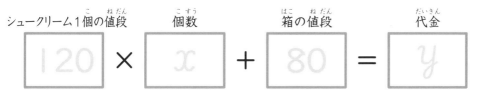

(　　　　)月(　　　　)日(　　　　　)曜日

比の計算①

a《エイ》：b《ビー》のように、2つの数《かず》で表《あらわ》す割合《わりあい》を**「比《ひ》」**といい、
「a《エイ》対《たい》b《ビー》」と読《よ》みます。

1 次《つぎ》の比《ひ》を答《こた》えましょう。

(例《れい》)　ぶどうジュース70mLと、
ソーダ水《すい》100mLの体積《たいせき》の比《ひ》　［70：100］

(1) 小麦粉《こむぎこ》200gと、砂糖《さとう》50gの重《おも》さの比《ひ》　［　：　］

(2) 長方形《ちょうほうけい》の縦《たて》12cmと横《よこ》10cmの長《なが》さの比《ひ》　［　：　］

2 a《エイ》：b《ビー》の前《まえ》の数《かず》を、後《うし》ろの数《かず》で割《わ》った商《しょう》を「比《ひ》の値《あたい》」といいます。

(例《れい》)　70：100の比《ひ》の値《あたい》は？

約分《やくぶん》しよう。

前《まえ》の数《かず》　後《うし》ろの数《かず》

$$70 \div 100 = \frac{70}{100} = \frac{7}{10}$$

比《ひ》の値《あたい》は分数《ぶんすう》で表《あらわ》せるよ。

次《つぎ》の比《ひ》の値《あたい》を求《もと》めましょう。

(1) **1：5**　［　—　］

(2) **9：24**　［　—　］

(3) **13：20**　［　—　］

(4) **72：60**　［　—　］

(　　　)月(　　　)日(　　　)曜日

比の計算②

比《ひ》の値《あたい》が等《ひと》しいとき、**2つの比《ひ》は等《ひと》しい**といいます。
a《エイ》:b《ビー》の両方《りょうほう》の数《かず》に同《おな》じ数《かず》をかけたり割《わ》ったりすると等《ひと》しい比《ひ》ができます。

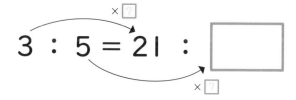

□に当《あ》てはまる数《かず》を書《か》きましょう。

(例《れい》)
×3
50：60＝150：180
×3

(1)
÷4
20：16＝5：□
÷4

(2)
×7
6：4＝□：28
×7

(3)
×6
5：9＝□：54
×6

スペシャル 問題《もんだい》！

縦《たて》と横《よこ》の長《なが》さの比《ひ》が3：5の旗《はた》があります。
縦《たて》の長《なが》さが21cmのとき、横《よこ》の長《なが》さは何《なん》cmですか？

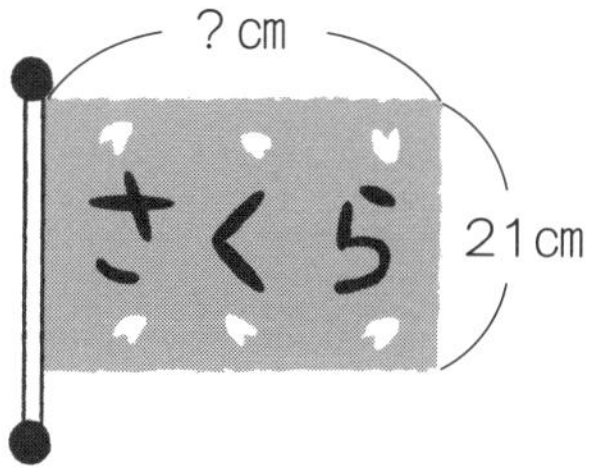

×7
3：5＝21：□
×7

答《こた》え　　　cm

すてっぷ 6
計算 33

（　　　）月（　　　）日（　　　　）曜日

比の計算③

比《ひ》の両方《りょうほう》の数《かず》を最大公約数《さいだいこうやくすう》で割《わ》ると、比《ひ》を簡単《かんたん》にすることができます。
次《つぎ》の比《ひ》を簡単《かんたん》にしましょう。

（例《れい》）　15：20 ＝（15÷5）：（20÷5）

＝ 3 ： 4

（1）18：2 ＝（18÷□）：（2÷□）

＝ □ ： □

（2）35：45 ＝（35÷□）：（45÷□）

＝ □ ： □

（3）120：200 ＝（120÷□）：（200÷□）

＝ □ ： □

最大公約数《さいだいこうやくすう》がわかりづらいときは、公約数《こうやくすう》で何度《なんど》も割《わ》ってもいいね！

スペシャル　問題《もんだい》！

好《す》きな数字《すうじ》で比《ひ》を作《つく》り、等《ひと》しい2つの比《ひ》を作《つく》ってみましょう。

□ ： □ ＝ □ ： □

すてっぷ 6

計算 34

(　　　)月(　　　)日(　　　)曜日

比の計算④

1 りんごジュースとソーダ水《すい》の量《りょう》の比《ひ》を
4：5にして、りんごソーダを作《つく》ります。

(1) りんごジュースを200mLにすると、ソーダ水《すい》は何《なん》mLいりますか？

×50

4 ： 5 ＝ 200 ： □

×50

答《こた》え　　　mL

(2) ソーダ水《すい》を100mLにすると、りんごジュースは何《なん》mLいりますか？

×20

4 ： 5 ＝ □ ： 100

×20

答《こた》え　　　mL

2 プリンのレシピを見《み》て、次《つぎ》の問《と》いに答《こた》えましょう。

材料《ざいりょう》（プリン2個《こ》分《ぶん》）
卵《たまご》…1個《こ》　牛乳《ぎゅうにゅう》…120mL　砂糖《さとう》…大さじ2　バニラエッセンス…4てき

(1) プリンを4個《こ》作《つく》りたいとき、牛乳《ぎゅうにゅう》は何《なん》mLいりますか？

2 ： 4 ＝ 120 ： □

もとのレシピのプリンの数《かず》　作《つく》りたいプリンの数《かず》　もとのレシピの牛乳《ぎゅうにゅう》の量《りょう》　プリン4個《こ》の牛乳《ぎゅうにゅう》の量《りょう》

答《こた》え　　　mL

(2) プリンを5個《こ》作《つく》りたいとき、牛乳《ぎゅうにゅう》は何《なん》mLいりますか？

2 ： 5 ＝ 120 ： □

答《こた》え　　　mL

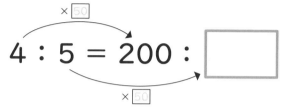

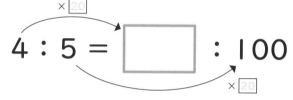

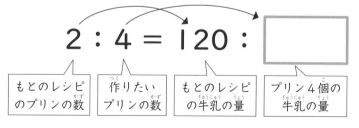

(　　　)月(　　　)日(　　　)曜日

練習プリント①分数の計算

CD-ROM プリントしてつかおう!

分数《ぶんすう》の計算問題《けいさんもんだい》を作《つく》って解《と》きましょう。(+、−、×、÷)
(49〜66ページを参考《さんこう》にしよう!)

(1)

(2)

(3)

スペシャル　問題《もんだい》!

分数《ぶんすう》の文章問題《ぶんしょうもんだい》を作《つく》って解《と》きましょう。

式《しき》	答《こた》え

(　　　　)月(　　　　)日(　　　　　　　)曜日

練習プリント②文字と式

■や●、x《エックス》やy《ワイ》を使《つか》って式《しき》を作《つく》り、その値《あたい》を求《もと》めましょう。
(70～75ページを参考《さんこう》にしよう！)

(1)

(2)

(3)

スペシャル　問題《もんだい》！　x《エックス》やy《ワイ》を使《つか》った文章問題《ぶんしょうもんだい》を作《つく》って解《と》きましょう。

式《しき》

答《こた》え

すてっぷ
6
計算

(　　　)月(　　　)日(　　　　)曜日

チャレンジテスト１

次《つぎ》の計算《けいさん》をしましょう。

(1) $\frac{5}{6}\times\frac{8}{15}$

(2) $1\frac{9}{11}\times2\frac{4}{9}$

(3) $\frac{4}{5}\div\frac{2}{3}$

(4) $1\frac{5}{7}\div\frac{10}{21}$

(5) $2\frac{1}{6}\times\frac{2}{3}\div\frac{13}{9}$

(6) $\frac{5}{9}\div\frac{1}{12}\times\frac{3}{10}$

表《ひょう》を見《み》て問《と》いに答《こた》えましょう。

次《つぎ》の表《ひょう》は、6年生《ねんせい》10人《にん》の50ｍ走《そう》の記録《きろく》です。

番号《ばんごう》	記録《きろく》(秒《びょう》)	番号《ばんごう》	記録《きろく》(秒《びょう》)
①	8.9	⑥	8.3
②	8.2	⑦	10.2
③	10.0	⑧	8.6
④	9.5	⑨	8.8
⑤	8.7	⑩	9.1

(7) 9秒台《びょうだい》で走《はし》った人《ひと》は何人《なんにん》ですか？

答《こた》え　　　　人

(8) 一番速《いちばんはや》く走《はし》ったのは
何番《なんばん》の人《ひと》ですか？

答《こた》え

(9) 10人《にん》の平均《へいきん》タイムは
何秒《なんびょう》ですか？

式《しき》

答《こた》え　　　　秒《びょう》

(10) 平均《へいきん》より速《はや》く走《はし》った人《ひと》は
何人《なんにん》ですか？

答《こた》え　　　　人《にん》

10問中《もんちゅう》、何問《なんもん》合《あ》っていましたか？　　問《もん》／10問《もん》

（　　　　）月（　　　　）日（　　　　　　　）曜日

チャレンジテスト２

次《つぎ》の計算《けいさん》をしましょう。

(1) $4 \times \frac{7}{12}$

(2) $1\frac{4}{5} \times 2\frac{1}{12}$

(3) $18 \div \frac{12}{5}$

(4) $1\frac{1}{14} \div 1\frac{3}{7}$

(5) $\left(\frac{3}{8} - \frac{1}{12}\right) \times \frac{8}{5}$

(6) $\frac{11}{7} + \frac{3}{8} \div \frac{1}{4}$

(7) 次《つぎ》の x《エックス》 の値《あたい》を求《もと》めましょう。

$$35 - x = 12$$

答《こた》え　$x =$

次《つぎ》の式《しき》の x《エックス》 に①②の数《かず》を当《あ》てはめて計算《けいさん》し、y《ワイ》 の値《あたい》を求《もと》めましょう。

$$x \times 3 + 210 = y$$

(8) x《エックス》 が①130のとき

式《しき》

答《こた》え

(9) x《エックス》 が②140のとき

式《しき》

答《こた》え

(10) 次《つぎ》の比《ひ》を簡単《かんたん》にしましょう。

120：180

10問中《もんちゅう》、何問《なんもん》合《あ》っていましたか？　問《もん》／10問《もん》

答え

すてっぷ 6　計算

●46ページ【計算1】

(1) 8.64　(2) 7.462　(3) 3.612

(4) 3.1　(5) 2.6　(6) 1.5

【スペシャル問題《もんだい》】

答《こた》え　13.78 (㎡)

●47ページ【計算2】

(1) $\frac{19}{15}$　(2) $\frac{13}{10}$　(3) $\frac{1}{12}$　(4) $\frac{5}{4}$

【スペシャル問題《もんだい》】

(1) $>$　(2) $<$

●48ページ【計算3】

1 (1) $\frac{73}{100}$　(2) $\frac{7}{5}$

2 (1) 2.5　(2) 0.125

【スペシャル問題《もんだい》】

$\frac{11}{25}=0.44$　$\frac{21}{50}=0.42$　答《こた》え　$\frac{11}{25}$

●49ページ【計算4】

(1) 50 (本《ぼん》)

(2) 式《しき》　100 (×) $\frac{1}{4}$ (=) 25

答《こた》え　25 (本《ほん》)

【スペシャル問題《もんだい》】

(1) 20　(2) 10

●50ページ【計算5】

(1) 25 (人《にん》)

(2) 式《しき》　50 (×) $\frac{2}{5}$ (=) 20

答《こた》え　20 (人《にん》)

●51ページ【計算6】

(1) $\frac{3\times 2}{7}=\frac{6}{7}$　(2) $\frac{9\times 5}{10}=\frac{9}{2}$

(3) $\frac{5}{4}$　(4) $\frac{14}{3}$

【スペシャル問題《もんだい》】

答《こた》え　$\frac{4}{3}$ (L)

●52ページ【計算7】

(1) $\frac{12}{5}$　(2) 1　(3) $\frac{25}{2}$

(4) $\frac{20}{3}$　(5) 3　(6) $\frac{9}{2}$

【スペシャル問題《もんだい》】

答《こた》え　$\frac{10}{3}$ (m)

●53ページ【計算8】

(1) $\frac{10}{21}$　(2) $\frac{45}{56}$　(3) $\frac{7}{10}$

【スペシャル問題《もんだい》】

答《こた》え　$\frac{14}{15}$ (㎡)

●54ページ【計算9】

(1) $\frac{11}{21}$　(2) $\frac{1}{3}$　(3) 8

【スペシャル問題《もんだい》】

答《こた》え　465 (円《えん》)

●55ページ【計算10】

(1) $\frac{4}{15}$　(2) $\frac{6}{5}$　(3) 6　(4) $\frac{49}{5}$ ($9\frac{4}{5}$)

【スペシャル問題《もんだい》】

(1) $\frac{3}{4}$ (時間《じかん》)　(2) $\frac{1}{3}$ (時間《じかん》)

●56ページ【計算11】

1 (1) $\frac{2}{3}$　(2) $\frac{4}{5}$　(3) $\frac{10}{9}$　(4) $\frac{24}{37}$

2 (1) $\frac{1}{5}$　(2) $\frac{1}{10}$　(3) $\frac{1}{8}$　(4) $\frac{1}{57}$

【スペシャル問題《もんだい》】

(1) $\frac{2}{5}\times\frac{5}{2}=1$　(2) $\frac{7}{4}\times\frac{4}{7}=1$

●57ページ【計算12】

(1) $\frac{5}{12}$　(2) $\frac{4}{7}\times\frac{1}{8}=\frac{1}{14}$　(3) $\frac{4}{27}$

【スペシャル問題《もんだい》】

答《こた》え　$\frac{5}{16}$ (L)

●58ページ【計算13】

(1) $\frac{1}{4}\times\frac{1}{5}=\frac{1}{20}$

(2) $\frac{8}{15}\div\frac{10}{1}=\frac{8}{15}\times\frac{1}{10}=\frac{4}{75}$　(3) $\frac{2}{33}$

(4) $\frac{2}{39}$　(5) $\frac{1}{12}$

【スペシャル問題《もんだい》】

答《こた》え　$\frac{5}{6}$ (㎡)

●59ページ【計算14】

(1) $\frac{8}{63}$　(2) $\frac{45}{14}$　(3) $\frac{16}{21}$

【スペシャル問題《もんだい》】

$\frac{25}{12}$ (m)

●60ページ【計算15】

(1) $\frac{2}{27}$　(2) $\frac{18}{7}$　(3) 6

【スペシャル問題《もんだい》】

$450\div\frac{5}{9}$

●61ページ【計算16】

(1) $\frac{1}{6}$　(2) $\frac{20}{13}$　(3) 3　(4) $\frac{27}{8}$

●62ページ【計算17】

(1) $\frac{3}{5}$　(2) $\frac{1}{7}$　(3) $\frac{1}{12}$　(4) $\frac{1}{3}$

●63ページ【計算18】

(1) $\frac{24}{7}$　(2) $\frac{7}{12}\times\frac{15}{2}\times\frac{5}{14}=\frac{25}{16}$　(3) $\frac{13}{24}$

【スペシャル問題《もんだい》】

式《しき》　$\frac{4}{5}\times\frac{9}{7}\times\frac{1}{3}=\frac{12}{35}$　答《こた》え　$\frac{12}{35}$ (㎡)

●64ページ【計算19】

(1) $\frac{20}{21}\times\left(\frac{4}{12}+\frac{3}{12}\right)=\frac{5}{9}$　(2) $\frac{44}{63}$

【スペシャル問題《もんだい》】

式《しき》　$\frac{2}{3}\times\frac{2}{3}+\frac{1}{7}\times\frac{14}{15}=\frac{26}{45}$　答《こた》え　$\frac{26}{45}$ (㎡)

●65ページ【計算20】

(1) $\frac{1}{3}\times\frac{4}{10}=\frac{2}{15}$　(2) 3

(3) $\frac{3}{4}\div\frac{6}{1}\div\frac{8}{10}=\frac{5}{32}$

【スペシャル問題《もんだい》】

$1.2=\frac{12}{10}=\frac{6}{5}$　$0.4=\frac{4}{10}=\frac{2}{5}$

答《こた》え　$1.2>\frac{4}{5}>0.4$

●66ページ【計算21】

(1) $\frac{3}{7}$　(2) $\frac{4}{21}$　(3) $\frac{13}{12}$

(4) $\frac{1}{12}$　(5) $\frac{30}{7}$

【スペシャル問題《もんだい》】

塩《しお》　$\frac{1}{3}$

●67ページ【計算22】

天気《てんき》	晴《は》れ	くもり	雨《あめ》
日数《にっすう》	15	11	5

(1) (一番多《いちばんおお》いのは) 晴れ (、少《すく》ないのは)
雨《あめ》

(2) (晴《は》れとくもりの日《ひ》のちがいは) 4 (日《か》)

(3) 式《しき》　15÷5＝3　答《こた》え　3 (倍《ばい》)

【スペシャル問題《もんだい》】

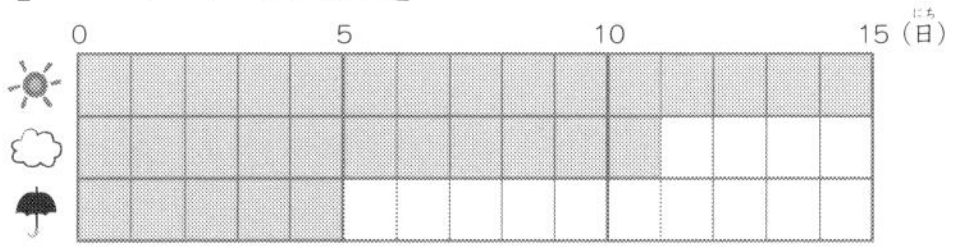

●68ページ【計算23】

(1) 1組《くみ》6人《にん》/2組《くみ》7人《にん》

(2) 1組《くみ》②番《ばん》/2組《くみ》⑨番《ばん》

(3)

(1組《くみ》の平均《へいきん》)

式《しき》　3.4+4.8+4.5+4.5+3.9+4.0+4.6
　+3.9+3.5+4.2＝41.3
　41.3÷10＝4.13

答《こた》え　4.13 (m)

【スペシャル問題《もんだい》】

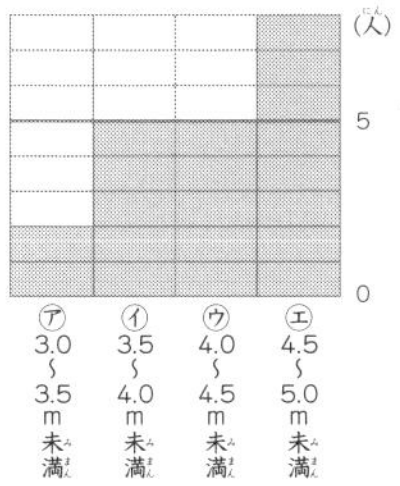

一番多《いちばんおお》かったのは
㋓です。

●69ページ【計算24】

(1) 24 (人《にん》)

(2) 30 (分以上《ぶんいじょう》) 60 (分未満《ぶんみまん》)

(3) ㋐と㋔

(4) 14 (人《にん》)

●70ページ【計算25】

(1) ★＝27　(2) 37＋11　★＝48

(3) 24÷8　★＝3

(4) 27×3　★＝81

【スペシャル問題《もんだい》】

式《しき》　★×5＝35

答《こた》え　(1ふくろ) 7 (個入《こい》り)

●71ページ【計算26】

(1) ■が36のとき、●は9
　●が36のとき、■は63

(2) ■が8のとき、●は9
　●が12のとき、■は6

【スペシャル問題《もんだい》】

(1) 500－(●＋120)＝■

(2)

チョコレートの値段《ねだん》○円《えん》	100	150	180
おつり□円《えん》	280	230	200

●72ページ【計算27】

(1) x ＝23　(2) 60÷5　x ＝12

(3) 11×7　x ＝77

●73ページ【計算28】

1 (1) 79　(2) 89

2 (1) $x\times 7=y$　(2) $x+110=y$

【スペシャル問題《もんだい》】

ペン1本《ぽん》の値段《ねだん》 x (円《えん》)	110	120	130
代金《だいきん》 y (円《えん》)	550	600	650

●74ページ【計算29】

1 (2) x＝3のとき　y＝42

　x＝15のとき　y＝30

2 (1) $x\times 4=y$

(2) 式《しき》　4×4＝16

x＝4のとき　y＝16

●75ページ【計算30】

(2)

x（個）	1	2	3	4	5
y（円）	**200**	**320**	**440**	**560**	**680**

(3) 答《こた》え　3（個《こ》）

(4) 答《こた》え　5（個《こ》）

●76ページ【計算31】

1 (1) 200：50　(2) 12：10

2 (1) $\frac{1}{5}$　(2) $\frac{3}{8}$　(3) $\frac{13}{20}$　(4) $\frac{6}{5}$

●77ページ【計算32】

(1) 20：16＝5：4

(2) 6：4＝42：28

(3) 5：9＝30：54

【スペシャル問題《もんだい》】

3：5＝21：35　答《こた》え　35（cm）

●78ページ【計算33】

(1)（18÷2）：（2÷2）＝9：1

(2)（35÷5）：（45÷5）＝7：9

(3)（120÷40）：（200÷40）＝3：5

●79ページ【計算34】

1 (1) 4：5＝200：250　答《こた》え　250（mL）

(2) 4：5＝80：100　答《こた》え　80（mL）

2 (1) 2：4＝120：240　答《こた》え　240（mL）

(2) 2：5＝120：300　答《こた》え　300（mL）

おしかったところは
復習《ふくしゅう》しておこう！

●82ページ【チャレンジテスト1】

次《つぎ》の計算《けいさん》をしましょう。

(1) $\frac{5}{6}\times\frac{8}{15}=\frac{5\times 8}{6\times 15}=\frac{4}{9}$

(2) $1\frac{9}{11}\times 2\frac{4}{9}=\frac{20\times 22}{11\times 9}=\frac{40}{9}$

(3) $\frac{4}{5}\div\frac{2}{3}=\frac{4\times 3}{5\times 2}=\frac{6}{5}$

(4) $1\frac{5}{7}\div\frac{10}{21}=\frac{12\times 21}{7\times 10}=\frac{18}{5}$

(5) $2\frac{1}{6}\times\frac{2}{3}\div\frac{13}{9}$

$=\frac{13\times 2\times 9}{6\times 3\times 13}=1$

(6) $\frac{5}{9}\div\frac{1}{12}\times\frac{3}{10}$

$=\frac{5\times 12\times 3}{9\times 1\times 10}=2$

表《ひょう》を見《み》て問《と》いに答《こた》えましょう。

次《つぎ》の表《ひょう》は、6年生《ねんせい》10人《にん》の50m走《そう》の記録《きろく》です。

番号《ばんごう》	記録《きろく》（秒《びょう》）	番号《ばんごう》	記録《きろく》（秒《びょう》）
①	8.9	⑥	8.3
②	8.2	⑦	10.2
③	10.0	⑧	8.6
④	9.5	⑨	8.8
⑤	8.7	⑩	9.1

(7) 9秒台《びょうだい》で走《はし》った人《ひと》は何人《なんにん》ですか？

答《こた》え　**2**　人

(8) 一番速《いちばんはや》く走《はし》ったのは何番《なんばん》の人《ひと》ですか？

答《こた》え　**②**

(9) 10人《にん》の平均《へいきん》タイムは何秒《なんびょう》ですか？

式《しき》 8.9+8.2+10.0+9.5+8.7+8.3+10.2+8.6+8.8+9.1＝90.3

90.3÷10＝9.03

答《こた》え　**9.03**　秒《びょう》

(10) 平均《へいきん》より速《はや》く走《はし》った人《ひと》は何人《なんにん》ですか？

答《こた》え　**6**　人《にん》

●83ページ【チャレンジテスト2】

次《つぎ》の計算《けいさん》をしましょう。

(1) $4\times\frac{7}{12}=\frac{4\times 7}{1\times 12}=\frac{7}{3}$

(2) $1\frac{4}{5}\times 2\frac{1}{12}=\frac{9\times 25}{5\times 12}=\frac{15}{4}$

(3) $18\div\frac{12}{5}=\frac{18\times 5}{1\times 12}=\frac{15}{2}$

(4) $1\frac{1}{14}\div 1\frac{3}{7}=\frac{15\times 7}{14\times 10}=\frac{3}{4}$

(5) $\left(\frac{3}{8}-\frac{1}{12}\right)\times\frac{8}{5}$

$=\left(\frac{9}{24}-\frac{2}{24}\right)\times\frac{8}{5}=\frac{7\times 8}{24\times 5}=\frac{7}{15}$

(6) $\frac{11}{7}+\frac{3}{8}\div\frac{1}{4}$

$=\frac{11}{7}+\frac{3\times 4}{8\times 1}=\frac{11}{7}+\frac{3}{2}$

$=\frac{22}{14}+\frac{21}{14}=\frac{43}{14}$

(7) 次《つぎ》の x《エックス》 の値《あたい》を求《もと》めましょう。

$35-x=12$

$35-12=23$

答《こた》え　x＝**23**

次《つぎ》の式《しき》の x《エックス》 に①②の数《かず》を当《あ》てはめて計算《けいさん》し、y《ワイ》の値《あたい》を求《もと》めましょう。

$x\times 3+210=y$

(8) x《エックス》 が①130のとき

式《しき》 130×3+210＝390＋210

＝600

答《こた》え　**600**

(9) x《エックス》 が②140のとき

式《しき》 140×3+210＝420＋210

＝630

答《こた》え　**630**

(10) 次《つぎ》の比《ひ》を簡単《かんたん》にしましょう。

120：180＝**2：3**

÷60　÷60

執筆者紹介

伊庭葉子（いば・ようこ）［監修］

株式会社 Grow-S 代表取締役（特別支援教育士）
1990年より発達障害をもつ子どもたちの学習塾「さくらんぼ教室」を展開。生徒一人ひとりに合わせた学習指導、SST（ソーシャル・スキル・トレーニング）指導を実践している。教材の出版、公的機関との連携事業、講演や教員研修なども行っている。

小寺絢子（こでら・あやこ）

株式会社 Grow-S 教室運営部・教務リーダー
さくらんぼ教室・教室長を歴任。わかりやすく楽しい学習指導、SST 指導を実践している。現在は教務リーダーとして、学習や SST のカリキュラム作成、教材作成、人材育成など幅広く担当している。

株式会社 Grow-S　さくらんぼ教室

勉強が苦手な子ども、発達障害をもつ子どものための学習塾。1990年の開設以来、「自分らしく生きるために、学ぼう。」をスローガンに、一人ひとりに合わせた学習指導、SST 指導を実践している。千葉県・東京都・神奈川県・茨城県の13教室で2歳～社会人まで2,500人が学習中（2021年3月現在）。教材の出版、学校での出張授業や研修、発達障害理解・啓発イベントなども行う。
さくらんぼ教室ホームページ
http://www.sakuranbo-class.com/

CD-ROM 付き
自分のペースで学びたい子のための
サポートドリル　漢字・計算　すてっぷ6

2021年9月10日　初版第1刷発行

監　修　伊庭葉子
著　小寺絢子
発行者　花岡萬之
発行所　学事出版株式会社
〒101-0021　東京都千代田区外神田2-2-3
電話03-3255-5471
HP アドレス　https://www.gakuji.co.jp

企画　三上直樹
編集協力　狩生有希（株式会社桂樹社グループ）
デザイン・装丁　中田聡美
印刷・製本　研友社印刷株式会社

©Iba Yoko et.al.2021, Printed in Japan
乱丁・落丁本はお取り替えします。
ISBN 978-4-7619-2709-7　C3037

さくらんぼ教室の学習基礎トレーニング集

CD-ROM付き　自分のペースで学びたい子のための

サポートドリル（かん字・けいさん）すてっぷ1

サポートドリル（かん字・けいさん）すてっぷ2

サポートドリル（漢字・計算）すてっぷ3

サポートドリル（漢字・計算）すてっぷ4

サポートドリル（漢字・計算）すてっぷ5

サポートドリル（漢字・計算）すてっぷ6

伊庭葉子 監修　小寺絢子 著

B5判　各88頁　定価各1,980円

学事出版